Peter Konopka

Spaß am Bike

Peter Konopka

Spaß am Bike

**Ausrüstung
Technik
Training
Gesundheit**

CIP-Titelaufnahme der Deutschen Bibliothek

Spaß am Bike
Ausrüstung, Technik, Training, Gesundheit/
Peter Konopka. – München; Wien; Zürich; BLV. 1991
  ISBN 3-405-14148-6
NE: Konopka, Peter

Bildnachweis

A. Heckmair: S. 65
E. Kahlich: S. 2, 8, 10, 11, 13, 14, 15, 17, 21,
27, 28, 30, 31, 32 (3), 33 (2), 35, 38 (2),
39 (3), 41, 43 (4), 45 (4), 46, 47 (3), 49,
50 (3), 52 (2), 54, 55 (3), 56, 60 (2), 61,
62, 63, 64, 65 (2), 67, 71, 72, 73, 75, 87,
93, 104, 113, 116, 118, 119, 120, 122, 124/125
P. Konopka. S. 38 (2), 54 (2), 62, 63, 100/101 (12)
3M Deutschland GmbH: S. 59
Öttinger/Schuschke: S. 23, 48, 53
S. Penazzo: 78
W. Renner: S. 29, 57
P. Witek: 121

Umschlagfotos: Eddy Kahlich
Umschlaggestaltung: F & H Werbeagentur GmbH, München
Grafiken: Barbara von Damnitz
Layout: Manfred Sinicki

BLV Verlagsgesellschaft mbH
München Wien Zürich
8000 München 40

©1991 BLV Verlagsgesellschaft mbH, München

Das Werk einschließlich aller seiner Teile ist urheberrechtlich geschützt. Jede Verwertung außerhalb der engen Grenzen des Urheberrechtsgesetzes ist ohne Zustimmung des Verlages unzulässig und strafbar. Das gilt insbesondere für Vervielfältigungen, Übersetzungen, Mikroverfilmungen und die Einspeicherung und Verarbeitung in elektronischen Systemen.

Satz: Typodata GmbH, München
Druck und Bindung: Freiburger Graphische Betriebe, Freiburg i. Br.
Printed in Germany · ISBN 3-405-14148-6

Inhalt

Einführung 9

Zwei Dutzend gute Gründe für das Radfahren _____ 9
Radfahren als aktive Langzeittherapie 9 • Radfahren beugt Alterserscheinungen vor 10 • Radfahren stärkt die Anpassungsfähigkeit an die Umwelt 11 • Radfahren erhöht die Belastbarkeit in Beruf und Freizeit 12 • Radfahren verbessert die Erholungsfähigkeit 12 • Radfahren für die ganze Familie 13 • Radfahren – ein ideales Gefäßtraining 14 • Radfahren verbessert die Gehirntätigkeit 15 • Radfahren kräftigt das Immunsystem 15 • Radfahren – Kosmetik für Körper und Seele 15 • Radfahren in jedem Lebensalter 16 • Radfahren verhilft zu gesunder Lebensweise 17 • Radfahren verbessert die Sauerstoffaufnahme und die Atmung 18 • Radfahren schont Sehnen, Bänder und Gelenke 18 • Radfahren reguliert den Stoffwechsel 19 •

Radfahren dient dem Streßabbau 20 • Radfahren – eine optimale Bewegungsart für Übergewichtige 20 • Radfahren – eine umweltfreund-liche Fortbewegungsform 21 • Radfahren zur Wiederherstellung nach Verletzungen und Erkrankungen 22 • Radfahren – ein Geschenk der Zivilisation zum Abbau ihrer eigenen Risikofaktoren 22

Ausdauer – die wichtigste motorische Hauptbeanspruchungsform _____ 24
Anpassung des Organismus auf Ausdaueranforderungen 24 • Muskelfasern und ihre Bedeutung für die Ausdauerleistung 26 •

Radfahren – Konditionstraining für andere Sportarten _____ 28

Spaß und Freude am Radfahren _____ 29

Fahrrad und Ausrüstung 31

Das richtige Fahrrad zum richtigen Zweck _____ 32
Die richtige Radgröße 34 • Der Rahmen – das Kernstück des Fahrrades 35 • Lenkungssystem 37 • Antriebssystem 41 • Bremssystem 49 • Sattel- und Sattelstütze 52 • Schutzbleche 54 • Beleuchtung 55 • Das Clean-Tech-Öko-Fahrrad 57 • Das verkehrssichere Fahrrad 58

Nützliches Zubehör _____ 60
Gepäckträger 60 • Gepäcktaschen (Radtaschen) 60 • Radständer 61 • Luftpumpe und Fußpumpe 62 • Flaschenhalter und Trinkflasche 62 • Trip-Computer 62 • Sicherheitsschlösser 63 • Werkzeug und Ersatzmaterial 64 • Materialkontrollen 64

Wartung, Pflege, kleinere Reparaturen _____ 66
Beseitigung von Reifendefekten 66 • Kettenpflege und Kettenwechsel 66 • Zentrieren 67

Die zweckmäßige Bekleidung _____ 67
Schuhe 67 • Hosen 69 • Unterwäsche und Oberbekleidung 69 • Sicherheitskleidung 70

Fahrtechnik 73

73 Sitzposition _____ 73
Sattelneigung 73 • Sattelhöhe 74 Sattelstellung und Sitzstellung 75 • Lenkerhöhe 76

Der gute Fahrstil _____ 77

Der runde Tritt _____ 79
Richtige Trittfrequenz 79

Die Wahl der richtigen Übersetzung _____ 81

Sicherheit durch gute Fahrtechnik _____ 86
Richtiges Verhalten im Straßenverkehr 86 • Bremstechnik 87 • Kurventechnik 87 • Technik des Bergfahrens 88 • Wiegetritt 88 • Bergauffahren im Sitzen 88 • Bergabfahren 88 • Fahren am Hinterrad (Windschattenfahren) 88 • Fahren in der Gruppe 89

Fahrtraining 90

Trainingsgrundsätze und Trainingssteuerung _____ 90
Superkompensation: Geheimnis der Leistungssteigerung 91 • Trainingsintensität 92 • Trainingsumfang 95 • Trainingshäufigkeit 95 • Trainingsmethoden 95

Trainingspraxis und Trainingspläne _____ 96
Am Anfang: die ärztliche Untersuchung 97 • Gewöhnungstraining für Anfänger 97 • Radfahrtraining für Fortgeschrittene 98 •

Ausgleichsgymnastik für Radfahrer 99 • Ausgleichs-Krafttraining für Radfahrer 102 • Der Jahresplan 102 • Minimal- und Optimaltrainingsprogramm 103

Training auf dem Hometrainer _____ 104
Anforderungen an einen guten Hometrainer 105 • Einrichtung des Trainingsplatzes 105 • Training und Trainingsprogramme 195

Ernährung 109

Ernährungsumstellung in sechs Schritten _____ 109

Die wichtigste Mahlzeit: das (Radfahrer-)Frühstück _____ 112

Empfehlungen zum Ausgleich von Flüssigkeitsverlusten _____ 112

Verpflegung unterwegs _____ 113

Gesundheitsvorsorge 115

Körperpflege _____ 115

Vorbeugung gegen Beschwerden _____ 116
Sitzbeschwerden 116 • Kopfschmerzen 116 • Nackenbeschwerden 116 • Rückenschmerzen 117 • Hand- und Unterarmprobleme 117 • Knieprobleme 117 • Erkältungen 117

Vorbereitung auf längere Radtouren 119

Extreme Touren _____ 120

Ausblick _____ 122

Literatur _____ 123

Vorwort

Es werden doch sage und schreibe an die 5 Millionen Fahrräder pro Jahr in unserem Lande verkauft – und das ganze ohne Gebrauchsanweisung! Das ist schon eine erstaunliche Tatsache. Zumal wenn man zusätzlich in Betrachtung zieht, daß schon über 40 Millionen Bundesbürger ein Fahrrad besitzen. Und der Fahrradboom geht weiter, weil man ganz allmählich die wirklichen Vorzüge dieser großen Erfindung entdeckt. In dieser Situation ist das vorliegende Buch geradezu notwendig. Richtiges Radfahren ist nämlich eine Kunst, die sich keinesfalls in bloßem Treten erschöpft. Es ist eine interessante Aufgabe, dem Leser dieses fast noch unbekannte Feld zu erschließen. Denn das Fahrrad kann, richtig benutzt, vom reinen Fortbewegungsmittel zum kostbaren Instrument für Gesundheit und Lebensfreude werden. Wer von uns möchte nicht lange und gesund leben und wissen, wie er das mit möglichst wenig Aufwand erreicht? Durch groß angelegte Forschungen ist inzwischen allgemein bekannt, daß man in der heutigen Zeit Gesundheit meistens nicht geschenkt bekommt. Die Zivilisation – so angenehm ihre Vorteile auch sind – hat uns nämlich auch mit einem Faktor konfrontiert, der unsere Gesundheit gefährdet und uns anfälliger für Krankheiten macht, nämlich der Bewegungsarmut.

Es gibt ein Naturgesetz, dem unser Organismus seit Jahrmillionen unterliegt – auch heute noch: »Struktur und Leistungsfähigkeit eines Organs und eines Organsystems werden bestimmt vom Erbgut sowie von der Qualität und Quantität seiner Beanspruchung.« Um dieses Gesetz kommt keiner von uns herum. Aber es bedeutet auch eine Chance: Denn je intensiver man innerhalb bestimmter Grenzen seine Körperorgane fordert, desto stärker passen sie sich der Belastung an – und desto leistungsfähiger und widerstandsfähiger werden sie.

So ist es kein Wunder, daß alle Forschungen, die sich mit der Vorbeugung gegen Krankheiten und Stabilisierung der Gesundheit beschäftigen, in der Aussage münden: Die beste Voraussetzung für ein gesundes Leben ist eine regelmäßige körperliche Betätigung in Verbindung mit einer vernünftigen Lebensweise!

Aber wer sagt einem, wie man das richtig macht uns hinweggeschwappt – und hinterläßt ein etwas zwiespältiges Bild. Denn oft wurde die Sache übertrieben. Orthopäden berichten zunehmend über Muskelzerrungen, Sehnenentzündungen und Bänderrisse, die durch Überbeanspruchung entstanden sind. All dies gibt es beim Radfahren nicht.

Radfahren gehört nachweislich zu den gesündesten Bewegungsformen, die das Herz-Kreislauf-System und den Stoffwechsel so aufbauen, daß sie den gesamten Organismus mit einem Maximum an Sauerstoff versorgen, ohne daß beim Training Muskulatur und Skelett geschädigt werden. Radfahren bietet darüber hinaus so viele Vorteile, daß wir sie im folgenden Kapitel nochmals getrennt herausgestellt haben. Denn nicht nur die körperliche Betätigung an sich bringt die gewünschten Vorteile

Sich mit Spaß und Freude in freier Natur mühelos auf dem Fahrrad zu bewegen, bringt größten Nutzen für Freizeit und Gesundheit.

für eine stabile Gesundheit und ein möglichst langes Leben, sondern es ist auch mindestens genauso wichtig, daß man gerade diese körperliche Tätigkeit betreibt und welche Ziele man mit ihr erreichen kann. Prinzipiell kann man mit jedem Fahrrad beginnen, auch mit dem, das man bereits besitzt. Trotzdem ist es reizvoll, sich zu informieren, wie dieses von menschlichem Erfindergeist perfektionierte Gerät, aus über tausend Einzelheiten zusammengesetzt, sich im Zuge der technischen Entwicklung zu einem hochqualifizierten Instrument gemausert hat, das zu einem richtigen Freizeiterlebnis verhelfen kann. Es gibt bestimmte Qualitätsmerkmale und Richtlinien, die man kennen und beachten muß, wenn man den größten Nutzen von seinem persönlichen Fahrrad haben möchte. Genau wie die moderne Technik Einfluß auf die Fahrradentwicklung genommen hat, bietet die moderne Trainingsforschung klipp und klar jene Hinweise, die man zur optimalen Nutzung dieses Gerätes braucht. Und genau das ist die Aufgabe dieses Buches! Es ist nämlich heute durchaus möglich, seinen Körper bereits durch ein Minimalprogramm jene Reize zu vermitteln, die er zur Aufrechterhaltung und Verbesserung seiner Strukturen benötigt. Wichtig erscheint auch, dies alles nicht mit Zwang, sondern mit Spaß und Freude zu erlangen. Es bleibt jedem selbst überlassen, ob er dieses Minimalprogramm zu einem Optimalprogramm für Gesundheit und Lebensfreude machen möchte. Dieses Buch wendet sich an jeden mehr oder minder stolzen Besitzer eines Fahrrades und auch an jene, die erst durch dieses Buch entdecken, daß sie noch irgendwo ein unbenutztes Fahrrad ihr eigen nennen. Es wendet sich an den bisher untätigen passiven Zivilisationsmenschen genauso wie an den begeisterten Freizeitradler, gleichgültig ob Mann oder Frau, ob Jugendlicher oder Seniorenfahrer. Auch Menschen mit bereits angeschlagener Gesundheit, auch mit chronischen Krankheiten und Leiden können das Radfahren als aktive Langzeittherapie in ihren Behandlungsplan einbauen. So soll dieses Buch einen Beitrag zur aktiven Gesundheitspflege, zur Verbesserung der Lebensqualität – und zu mehr Freude im Leben verhelfen. Es gibt keine bestimmte Bewegungsform, durch die alle Menschen entsprechend ihrer körperlichen Beschaffenheit ihren Idealzustand finden können. Aber umgekehrt bietet richtiges Radfahren so vielen Menschen wie keine andere Bewegungsform die Möglichkeit, ihren körperlichen Idealzustand mit so wenig Aufwand so nahe zu kommen!

Einführung

Am Anfang jeder Tätigkeit sollte auch immer die Warum-Frage stehen. Der Grad der Bewußtheit erhöht nämlich die Wirksamkeit jeden menschlichen Tuns. Die meisten Kräfte holen wir dabei aus Freude und Begeisterung. Sicherlich spielt auch der Verstand eine Rolle, weil man weiß und es oft genug gesagt bekommt, man müsse etwas für die Gesundheit, Leistungsfähigkeit und den Ausgleich körperlicher Untätigkeit tun. Aber man neigt doch dazu, in der sauer verdienten Freizeit doch mehr jenen Tätigkeiten nachzugehen, die Freude und Vergnügen bereiten. Und genau hier liegen die Vorteile des Radfahrens!

Zwei Dutzend gute Gründe für das Radfahren

In diesem Kapitel werden einige allgemeine, aber auch viele individuelle Gründe aufgeführt, die eine Antwort auf die Warum-Frage geben können. Es dient u. a. der Freude an der Bewegung, der Geselligkeit und auch der Familie – weil alle Radfahren können. Denn auch wer normalerweise schwer dazu zu bringen ist, sich zu bewegen, wird doch ab und zu Lust verspüren, sich vom Fahrrad fast schwerelos dahintragen zu lassen und doch das Gefühl zu haben, frische Luft zu schnuppern und gleichzeitig fast mühelos etwas für die Gesundheit zu tun. Um so besser und wirksamer ist diese Form der Bewegung, wenn im Unterbewußtsein noch einige zusätzliche Gründe vorhanden sind, die motivieren und – wenn das »Fleisch« schon schwach ist – den Geist doch williger machen.

Radfahren als aktive Langzeittherapie

Die moderne Medizin vermag heute eine Vielzahl akuter Erkrankungen zu beherrschen, an denen man früher gestorben ist. Leider ist der Preis dafür eine ansteigende Zahl von chronischen Erkrankungen. Auch das Risikoverhalten der Bevölkerung trägt dazu bei. Nach wie vor stehen die Herz-Kreislauf-Erkrankungen an der Spitze in der Todesfall-Statistik. Gerade bei den chronischen Erkrankungen zeigt sich, daß die moderne Medizin allein mit der Verordnung von Medikamenten nicht auskommt. Es gehört auch eine Beratung in Lebensweise, Ernährung, physikalischer Therapie und Bewegungstherapie dazu.

Schon seit vielen Jahren hat sich die aktive Langzeittherapie, ärztlich verordnet und kontrolliert, in den Vereinen bewährt, z. B. die Herzgruppen, Wirbelsäulengruppen, Rheumagruppen, Atemtherapiegruppen usw. Körperliche Aktivität dient auch ganz allgemein zum Abbau von Risikofaktoren, die zu diesen Erkrankungen geführt haben.

Die heutigen Erkenntnisse für ein optimales Bewegungsprogramm kann man kurz folgendermaßen formulieren: Körperliche Aktivität in einer optimalen Bewegungsform, mit einer optimalen Intensität, einer optimalen Dauer und einer optimalen Häufigkeit. Neben dem normalen Gehen, Wandern, Laufen und leichter Gymnastik gehört gerade das Radfahren zu den therapeutisch wirksamsten Bewegungsformen.

Von großer Bedeutung ist die aktive Übungsbehandlung bei Menschen, die einen Herzinfarkt hinter sich haben und/oder jene, die an einer Verengung der Herzkranzgefäße leiden. Die Wiederherstellung nach Herzinfarkt ohne gezielte körperliche Aktivierung ist nach modernen Erkenntnissen fast nicht mehr denkbar. Denn dadurch kann einmal die Leistungsfähigkeit des Herzens selbst vergrößert werden. Außerdem wird die Ökonomie der Herzarbeit verbessert, d. h., der Sauerstoffbedarf des Herzmuskels wird sowohl in Ruhe als auch bei vergleichbaren Belastungsstufen geringer. Denn das trainierte Herz muß für vergleichbare Belastungen weniger oft schlagen als im Zustand des Trainingsmangels. Nicht umsonst beginnt schon die Frühmobilisation in der Klinik auf einem Standfahrrad, dem sog. Ergometer. Diese körperliche Bewegungsform sollte natürlich zuhause regelmäßig fortgesetzt werden. Dadurch werden gesundheitlich wichtige Anpassungserscheinungen erzeugt, die vor allem im Kapitel über die Ausdauer (siehe Seite 24) beschrieben sind. Nicht zu unterschätzen ist auch die Tatsache, daß die durch Training verbesserte körperliche Leistungsfähigkeit auch eine bessere psychische Verfassung zur Folge hat. Außerdem sind Menschen, die regelmäßig trainieren, weniger gefährdet, an Herzinfarkt zu sterben, als untrainierte Menschen. Regelmäßiges Körpertraining schützt Herz und Gefäße, fast unabhängig vom Einfluß anderer Risikofaktoren. Dies ergab eine Studie der Universitätsklinik North Carolina. Sie wurde an 3106 Menschen durchgeführt. Die 30- bis 70jährigen Teilnehmer werden über einen Zeitraum von $8\frac{1}{2}$ Jahren beobachtet. Ergebnis: Das Risiko, an Herz-Kreislauf-Erkrankungen zu sterben, war für die am wenigsten trainierte Gruppe 8,5mal höher als für die muskulär gut trainierte Gruppe!

Radfahren beugt Alterserscheinungen vor

Es gibt heute viele Möglichkeiten, den biologischen Alterungsprozeß zu bremsen. Die beiden wichtigsten Faktoren sind körperliche und geistige Aktivität sowie eine knappe, vollwertige Ernährung. Der Spruch: »Langläufer leben länger« gilt auch für das Radfahren. Man beachte nur die jährlichen Siegerlisten der Altersklassen der über 80jährigen beim Veteranen-Cup in St. Johann (Tirol)! Hier werden Jahr für Jahr fast unglaubliche Leistungen präsentiert. Aber auch wissenschaftliche Untersuchungen zeigen, daß Gesundheitszustand und Lebensqualität älterer Menschen ganz entscheidend durch ihre körperliche Aktivität geprägt werden. Dem liegt das einfache Naturgesetz »die Funktion erhält die Form« zugrunde. Je konsequenter unser Körper innerhalb der von der Natur vorgegebe-

Radfahren im Alter kann Lebensfreude und Lebensqualität ganz entscheidend verbessern.

nen Grenzen gefordert wird, desto stärker paßt er sich der Belastung an, desto leistungsfähiger und widerstandsfähiger wird er, unabhängig vom Lebensalter! Umgekehrt kann man aber auch sagen, daß eine ganze Anzahl sog. »Alterserscheinungen«, die sich schon ab dem 30. Lebensjahr oder früher bemerkbar machen – nur Anpassungsverluste sind, die sich durch die Bewegungsarmut ergeben. Wie schnell das geht, sieht man bei Untersuchungen, die bei körperlich Inaktiven vorgenommen wurden. So nimmt z. B. nach einer Bettruhe von nur einer Woche die maximale Sauerstoffaufnahmefähigkeit um mehr als 20% ab, das Herzvolumen um 10%, das Blutvolumen um 13%. Entsprechend den verschlechterten Kreislaufverhältnissen stieg die Ruhepulszahl um über 20% an, ebenso die Pulsfrequenz für vergleichbare Belastungen. So bedeutet körperliche Untätigkeit für den Organismus eine recht große Belastung, vor allem im Herz-Kreislauf-System. Der menschliche Organismus braucht unbedingt ein bestimmtes Maß an körperlich-muskulärer Beanspruchung, um die Qualität seiner Organe, Funktionen zu können. Das ist gleichbedeutend mit »Jugendlichkeit« – und ihr Verlust mit dem, was wir als »Alter« bezeichnen.

Andere Untersuchungen zeigten durch Beobachtungen über viele Jahre, daß die Sterblichkeit bei Menschen mit gutem Fitneßgrad im gleichen Lebensalter viel geringer ist als bei solchen mit geringem Fitneßgrad. Der wesentliche Punkt bei der biologischen Verzögerung des Alterns durch körperliche Aktivität ist neben der verbesserten Funktion aller Organe und Organsysteme eine erhöhte Sauerstoffaufnahmefähigkeit des Organismus. Diese sinkt nämlich altersbedingt vom 20. bis zum 70. Lebensjahr auf die Hälfte ab. Es gibt aber genügend Beweise dafür, daß ein 70jähriger durch entsprechendes Ausdauertraining durchaus die maximale Sauerstoffaufnahmefähigkeit eines untrainierten 30- oder 40jährigen erreichen kann. Daher gilt der Satz: »Durch richtiges Ausdauertraining kann man 30 Jahre lang 40 Jahre alt bleiben«. Gerade durch Radfahren und Radsport kann man die Qualität der Organe und die Sauerstoffaufnahmefähigkeit optimal verbessern.

Radfahren stärkt die Anpassungsfähigkeit an die Umwelt
Anpassungsfähigkeit ist ein Zeichen von Jugend und Gesundheit. Nicht umsonst definiert die Pathologie – die Lehre von den Krankheiten des Menschen –

Der Mensch kann sich auch an extreme Witterung anpassen.

Gesundheit als einen Prozeß, der bestimmt ist vom Erbgut und der harmonischen Anpassung an die jeweilige Umwelt. Gelingt diese Anpassung nicht, kommt es zu Störungen bis hin zur Krankheit. Nun ist jedes Training, auch wenn es nur geringgradig und spielerisch ist, ein Anpassungsprozeß schlechthin, der im Prinzip genauso abläuft wie Anpassungen, an die man bei der Ausübung des Trainings zunächst gar nicht denkt. Daher sind auch die durch Bewegungsmangel geförderten Krankheitserscheinungen so unterschiedlich: Herz-Kreislauf-Erkrankungen, verminderte Zellatmung, gestörter Stoffwechsel, Durchblutungsstörungen, Übergewicht oder nervöse Störungen verschiedenster Art. Umgekehrt werden auch all diese Störungen durch ein bestimmtes Bewegungsmaß gebessert oder beseitigt. Es werden nicht nur die Systeme gestärkt, die man unmittelbar trainiert, sondern es kommt auch zu Anpassungen in ganz anderen Systemen des Körpers, sozusagen »über Kreuz«. Daher nennt man diese Anpassungen (Adaptationen) auch Kreuzadaptationen. Es hat sich gezeigt, daß durch ein gewisses Maß an körperlicher Bewegung – vor allem im Ausdauerbereich – auch die Anpassung an klimatische Verhältnisse, z. B. an Hitze, Kälte oder Klimawechsel durch Langzeitflüge, verbessert wird. Auch die Anfälligkeit gegenüber Infekten nimmt ab oder ihre Überwindung wird erleichtert. Die psychische Belastbarkeit wird erhöht, die Streßanfälligkeit erniedrigt. Auch die Seele paßt sich an die Umwelt besser an. Schließlich wird der Sauerstoff-Stoffwechsel verbessert, die Neigung zu Übergewicht vermindert. Der Abbau von Fettgewebe wird erleichtert. Wie oft fühlt man sich heute »indisponiert« – ein Gefühl, das meistens Ausdruck einer verminderten Anpassungsfähigkeit infolge herabgesetzter Leistungsfähigkeit ist. Eine gute Fitneß erleichtert deswegen auch die Bewältigung der Alltagsaufgaben, ohne ständig von Wetterfühligkeit, Kopfschmerzen, Müdigkeit und dergleichen abhängig zu sein. Insofern schafft Radfahren indirekt mehr Freude und Belastbarkeit in unserer technisierten und nicht immer gesundheitsfreundlichen Umwelt.

Radfahren erhöht die Belastbarkeit in Beruf und Freizeit
Umweltreize werden als umso größere Belastungen empfunden, je geringer die aktuelle Belastbarkeit ist. Sie hängt direkt vom seelischen und körperlichen Fitneßgrad sowie von der ständig geübten Anpassungsfähigkeit – wie im vorhergehenden Punkt beschrieben – ab. Auch die Fähigkeit zur schnellen Erholung, die Regeneration verausgabter Kräfte, ist ein wichtiger Aspekt körperlichen Trainings. Für den gesamten Organismus ist es während Beruf und Hausarbeit sozusagen ein »Urlaub im Alltag«, wenn er für die gleichen Tätigkeiten mit deutlich weniger Pulsschlägen auskommt. Müdigkeit und Erschöpfung bei gelegentlich bewegungsarmer Berufsarbeit sind meist die Folge von Trainingsmangel. Da unser Erbgut das Ende einer langen Kette von Generationen ist, unterliegt es immer noch den gleichen Gesetzen wie sie schon für unsere Vorfahren gültig waren – und die mußten sich bei fehlender Technik notgedrungen viel mehr bewegen. Oft meint man, wenn man ständig müde ist, man müsse endlich einmal richtig ausschlafen – aber dadurch wird man nicht stärker. Viel besser ist das Rezept, sich mindestens dreimal in der Woche ausdauernd in frischer Luft zu bewegen, z. B. durch Radfahren. Wieviel lohnender ist dann die Freizeit, die durch Arbeitszeitverkürzung ständig zunimmt, wenn man sie munter, freudvoll und bewußt genießen kann. Auch ist es auf der Grundlage eines guten Ausdauertrainings viel leichter möglich, einem anderen Lieblings-Freizeitsport zu frönen.

Radfahren verbessert die Erholungsfähigkeit
Unter »Ermüdung« versteht man eine vorübergehende Herabsetzung der Leistungsfähigkeit. Sie kann bedingt sein durch körperliche oder nervöse Erschöpfung, vor allem durch Erschöpfung des zentralen Nervensystems oder durch eine muskuläre Ermüdung, wenn die Energiereserven verausgabt sind und sich sog. Ermüdungsrückstände im Stoffwechsel angehäuft haben. Dieser Zustand ist lästig, aber er ist auch die Voraussetzung für eine nachfolgende gründliche

Erholung. Oft weiß man aus eigener Erfahrung, daß man sich nach einer körperlichen Belastung – wenn man so richtig wohlig müde ist – besser erholt als bei körperlicher Untätigkeit. Viele nervöse erschöpfte Menschen der heutigen Zeit haben das Gefühl und die Fähigkeit für eine richtige Erholung verloren. Man glaubt, sich am besten zu erholen, wenn man sich passiv ausruht oder Vergnügen in Zerstreuungen sucht. Die beste Erholung ist aber nicht die passive, sondern die sog. aktive Erholung. Es ist eine wissenschaftlich meßbare Tatsache, daß eine bessere körperliche Leistungsfähigkeit immer mit der Fähigkeit zu beschleunigter und vertiefter Erholung verbunden ist. Man trainiert also nicht nur das Herz und Kreislauf, sondern auch eine gute Erholungsfähigkeit. Erst der regelmäßige Wechsel von Belastung und Erholung führen zu einer verbesserten Leistungsfähigkeit.

Radfahren für die ganze Familie

Je technisierter unsere Umwelt wird, je mehr technische Apparate unser Leben bestimmen, desto mehr gewinnen zwischenmenschliche Beziehungen wieder an Bedeutung. Die Sehnsucht nach Zuwendung, Gespräch und Gedankenaustausch wächst. Die »gemeinsamen« Abende vor dem Fernsehapparat sind dazu kaum geeignet. Wegen der unterschiedlichen Interessen der Familienmitglieder gibt es auch kaum gemeinsame Hobbys, an denen alle teilhaben können. Nicht selten wird man durch passive Freizeitgestaltung unlustig, aggressiv und geradezu ungesellig. Das alles ist beim Radfahren anders: Alle können teilnehmen, vom Kind bis zum Großvater, Mädchen und Jungen, Mann und Frau. Man kann es praktisch vor der Haustür beginnen. Überall gibt es irgendwo wenig befahrene Wege oder Straßen, bis man vielleicht sogar in waldiges Gelände kommt. Die Atmung an frischer Luft reinigt das Gehirn, weitet das

Das Familiengefühl wird besonders durch gemeinsame Erlebnisse in freier Natur gefestigt.

Bewußtsein und macht anderen gegenüber aufgeschlossen. Da es dabei nicht auf aufs Tempo ankommt, kann man sich dabei mühelos unterhalten. Auf diese Weise fördert Radfahren Geselligkeit, Gesundheit und Familienleben. Deswegen ist es auch ein guter Ratschlag, das Fahrrad mit in den Urlaub zu nehmen; denn gerade dort sind meistens körperliche Passivität und familiäre Spannungen am größten – und das kann man durch Radfahren ganz einfach ändern.

Radfahren – ein ideales Gefäßtraining

Ein Radprofi vollführt pro Jahr über sechs Millionen Pedalumdrehungen, damit kann sich natürlich ein Freizeitradler nicht messen – aber auch er macht bei einer durchschnittlichen Kilometerleistung von dreimal 10 km pro Woche immerhin über 30000 Pedalumdrehungen im Jahr. Deswegen hat sich Radfahren sehr gut bei Durchblutungsstörungen bewährt. Die ausdauernde und lockere Bewegung der Beine verbessert die Durchgängigkeit der verengten Blutgefäße meist vielmehr, als dies Medikamente vermögen. Zusätzlich bilden sich neue Blutgefäße meist vielmehr, als dies Medikamente vermögen. Zusätzlich bilden sich eine Blutgefäße – sog.

Wohlgeformte Beine mit hoher Stoffwechselqualität sind für jeden Radfahrer erreichbar.

Kapillaren und Kollateralen – oder ein regelrechter Umgehungskreislauf um verengte Blutgefäße aus. Auch Risikofaktoren, die die Ursache dieser arteriellen Durchblutungsstörungen sind, werden durch Radfahren positiv beeinflußt. Es soll nur kurz erwähnt werden, daß das Blutcholesterin sinkt, der Anteil des »guten« HDL-Cholesterins zunimmt, die Gerinnbarkeit des Blutes vermindert wird. Sogar die Auflösung von Blutgerinnseln wird gefördert. Auch die Neigung der Blutplättchen, sich zusammenzuballen, nimmt durch körperliche Aktivität ab. Besonders wichtig bei diesen Erkrankungen ist allerdings ein gründliches Aufwärmen, ein langsames Beginnen der Belastung,

damit eine anfangs zu intensive Belastung nicht zu einer Mangeldurchblutung führt. Man muß den Gefäßen Zeit lassen, sich zu erweitern.

Viele Millionen Menschen – man schätzte über 10% der Bevölkerung – leiden an chronischen Venenerkrankungen, sog. »Krampfadern« und/oder einem gestörten Rückfluß des Blutes in den Venen zum Herzen. Zur Behandlung dieser Venenleiden ist neben einem maßgerechten Stützstrumpf ein tägliches Training von 30 Minuten von bester Wirksamkeit, wenn nicht gerade eine akute Entzündung oder Thrombose vorliegt. Venenerkrankungen werden durch langes Stehen und Sitzen im Beruf, durch gestörten Venenrückfluß infolge Übergewicht und durch körperliche Inaktivität gefördert. Gerade der venöse Rückfluß zum Herzen ist abhängig von einer aktiven Muskelpumpe, vor allem der Wadenmuskulatur, sonst kommt es zu Stauungen und Erweiterung der Venen. Lockeres Radfahren vermag diese Stauungen zu beseitigen – oft besser als das Gehen und der Dauerlauf. Durch die infolge der Bewegung verminderte Gerinnbarkeit des Blutes können Thrombosen oft verhindert werden. Gerade bei Venenleiden ist eine körperlich-aktive Lebensweise notwendig.

Radfahren verbessert die Gehirntätigkeit

Wissenschaftliche Untersuchungen haben ergeben, daß bereits leichte körperliche Tätigkeit von 50 Watt den Intelligenzquotienten um 10 bis 20% anzuheben vermag. Das ist immerhin ein Unterschied, den ein Akademiker den übrigen Bevölkerungsschichten voraus hat. Praktisch bewiesen wird diese Tatsache auch immer dann, wenn bei einem Vortrag der auf- und abgehende, körperlich aktive Redner immer munterer, das passive Publikum aber immer müder wird. Diesen Effekt des »Gehirn-Joggings« gibt es auch beim Radfahren, schon bei langsamen Fahren in der Ebene. Man könnte dies dementsprechend als »Gehirn-Cycling« bezeichnen. Viele Freizeit-Radfahrer berichten übereinstimmend, daß sie während des Radfahrens sehr viele Ideen haben und sich geistig manches Problem lösen läßt. Kein Zweifel: Langsames Radfahren verbessert Gehirntätigkeit und Kreativität.

Radfahren kräftigt das Immunsystem

Das Immunsystem ist das zweite Gehirn des Menschen und hat insgesamt immerhin eine Masse von über 2 kg. Es hat die Aufgabe, das »Selbst vom Nicht-Selbst« zu unterscheiden und die Individualität des Organismus zu erhalten. Sicht- und spürbar wird die Funktion des Immunsystems vor allem bei Infekten, wenn Krankheitserreger diese Barriere durchbrochen haben. Die Körperoberfläche – Haut und Schleimhäute – ist die ersten Barriere, die wir durch »Abhärtung« stabiler machen können. Dazu gehört die Anpassung an Kälte und Hitze sowie an Witterungswechsel. Wind und Wetter, wie sie beim Radfahren erlebt werden, fördern diese Abhärtung ganz entscheidend. Das eigentliche Immunsystem im Körper besteht aus der Abwehrkraft der Körperflüssigkeiten – die sog. humorale Abwehr in Gestalt der Immunglobuline – und aus der zellulären Abwehr – den weißen Blutkörperchn (Leukozyten, Lymphozyten) und speziellen Abwehrzellen (Makrophagen, Killerzellen u. a.). Erst in den letzten Jahren gibt es Untersuchungen, welche die Zunahme der Immunglobuline und eine verbesserte Aktivität von weißen Blutkörperchen und Abwehrzellen durch körperliches Training beweisen. Dazu genügt schon eine halbstündige Belastung auf dem Hometrainer – viel besser noch lockeres Radfahren in frischer Luft, dreimal 30 Minuten in der Woche. Das gilt allerdings nur für Breitensportler – nicht für Hochleistungssportler. Auch hier sieht man, daß es auf die richtige Dosierung des Trainings ankommt.

Radfahren – Kosmetik für Körper und Seele

Die übliche Kosmetik beschränkt sich meist auf die Verschönerung der äußeren Hülle. Die wahre Schönheit kommt jedoch von innen – und hier wirkt Radfahren auf natürliche und sehr vielseitige Weise. Nehmen wir zunächst die Haut: Sie bleibt weder blaß noch wird sie zu stark gebräunt, sondern erhält gerade die richtige Farbe. Frische Luft und Sonnen-

Radfahren verhilft zu natürlicher Schönheit von innen.

licht zusammen mit körperlicher Bewegung und besserer Durchblutung schaffen einen sehr natürlichen und schönen Teint. Frauen können sich dadurch oftmals Make up und Puder sparen. Trotzdem empfiehlt es sich, vor längeren Ausfahrten das Gesicht etwas einzucremen. Auch die ganze Figur und Erscheinung wird durch Radfahren zum Positiven verändert. Übergewichtige specken ab, Schlanke gewinnen durch eine vitalere Muskulatur eine etwas gefälligere Form. Oder anders ausgedrückt: Schwachpunkte der Figur werden durch Radfahren ausgeglichen. Vor allem die Beine werden gut durchgebildet. Dicke Beine werden dünner, dünne Beine kräftiger. Außerdem wirkt die Kräftigung der Beinmuskulatur einer Neigung zu Krampfadern entgegen. Besonders die Unterschenkel werden gut durchgebildet, die Knöchel schlank modelliert.

Durch die bessere Atmung und den Zug am Lenker beim Wiegetritt wird auch der Brustkorb elastischer und gut geformt.

Das führt insgesamt zu einer besseren, schöneren Körperhaltung. Da aber die äußere Körperhaltung auch immer auf den Geist wirkt, ist es kein Wunder, daß dadurch auch mehr Selbstsicherheit und Selbstvertrauen entwickelt wird, zumal man mit kräftigen Radlerbeinen auch sicherer im Leben steht. Die richtige Körperhaltung wird auch durch die richtige Sitzposition auf einem Touren- oder Sportrad gefördert. Schließlich wird auch das Verdauungssystem angeregt und gekräftigt. Dadurch kann sich der Körper besser entgiften und entschlacken – nur so ist »Schönheit von innen« möglich.

Schließlich werden durch körperliche Aktivität, Regulierung des Stoffwechsels und Entspannung beim Radfahren innere und äußere Verkrampfungen gelöst, man wird entspannter und schläft besser. Der durch Radfahren erworbene erholsame Schlaf kann zum erfrischenden »Schönheitsschlaf« werden.

Radfahren in jedem Lebensalter
Ein großer Vorteil des Radfahrens liegt darin, daß es auch Kinder und alte Menschen gut und problemlos mit gesundheitlichen Nutzen betreiben können. Gerade Kinder werden heute durch Schule, Fernsehen und Computerspiele zu einer bewegungsarmen Lebensweise verleitet, die ihrem natürlichen Bewegungsdrang entgegensteht. Schon dadurch kommt es oft zu unerklärlicher Aggressivität, Konzentrationsschwäche und geringem Durchhaltevermögen. Gerade im Kindesalter sind koordinative Fähigkeiten – also Technik und Geschicklichkeit – sehr gut auszubilden. Die im Kindesalter erlernten Bewegungsmuster halten sich bis ins hohe Alter. Außerdem sind für eine natürliche Entwicklung des Kindes sehr vielseitige Bewegungsformen geradezu notwendig. Hier kann das Radfahren einen sehr wesentlichen Baustein bieten. Zunächst sollten Kinder die langsame Ausführung der Bewegungen beim Radfahren lernen – und dann sollte man möglichst frühzeitig versuchen, den Übergang vom Dreirad zum Zweirad zu vollziehen. Die optimale Trainierbarkeit auf Kraft entwickelt sich zwar erst nach der Pubertät, aber als Ausgleich dafür sind Kinder beim Radfahren fähig, sehr schnell mit hoher Frequenz zu treten – und dadurch genauso schnell vorwärts zu kommen wie Erwachsene. Man sollte auch wissen, daß Kinder über eine recht beträchtliche Ausdauerfähigkeit verfügen. Sich spontan bewegende Kinder legen oftmals über 15 km pro Tag im Spiel zurück. Ausdauer ist ein sehr gesunder Entwicklungsreiz, erhöht die Widerstandskraft gegen Erkältungen und hilft, die heute zunehmend feststellbare Neigung zu Übergewichtigkeit bei Kindern in den Griff zu bekommen. Für Kinder

Gesunde Bewegung durch Radfahren kann die harmonische Entwicklung von Kindern und Jugendlichen verbessern.

ist auch die gemeinsame Freizeitgestaltung besonders wichtig, da sie einen Einfluß auf die gesamte Entwicklung hat. Daher ist es beim Radfahren so vorteilhaft, daß die ganze Großfamilie – einschließlich der Großeltern – an der aktiven Freizeitgestaltung teilhaben kann.

Radfahren verhilft zu gesunder Lebensweise
Die fünf wichtigsten krankmachenden Faktoren in der heutigen Zeit sind:
- Bewegungsarmut
- Falsche Lebensweise
- Falsche Ernährung
- Genußmittelkonsum
- Medikamentenmißbrauch.

Der Kristallisationspunkt dürfte die Bewegungsarmut sein, die einen sehr starken Einfluß auf die gesamte Lebensweise ausübt. Unnatürliches Appetitverhalten, Über- und Fehl-Ernährung und Disharmonie zwischen Körper, Seele und Geist sind die Folge. Dadurch treten Unlustgefühle und Störungen auf, die man durch Genußmittel und Medikamente zu vertreiben sucht. Praktische Erfahrungen haben gezeigt, daß es keinen Dauererfolg bringt, an den Auswirkungen in der Peripherie herumzudoktern, Verbote auszusprechen und eine »gesunde Ernährung« zu verlangen, die nicht zur Lebensweise paßt. Es ist viel besser und einfacher am anderen Ende zu beginnen; d. h., es muß an der wirklichen Ursache angesetzt werden, nämlich die Bewegungsarmut zu beseitigen und dadurch die gesamte Lebensweise natürlicher zu gestalten. Denn in der Natur ist Bewegung ein sehr wichtiger regulierender Faktor. Körperlich aktiv lebende Menschen haben es praktisch ausprobiert und bewiesen: Durch ein bestimmtes Quantum an richtiger Bewegung – wozu vor allem auch das Radfahren gehört – wird die gesamte Lebensweise aktiver, das Eßverhalten ändert sich von selbst – man hat spontan richtigen Appetit auf gesunde Nahrungsmittel – und auch das Bedürfnis nach Genußmitteln und Medikamenten nimmt ab. So ist Radfahren ein zwangloser Weg zu gesunder Lebensweise ohne Gebote und Verbote – die Disziplin wächst von alleine. Das können viele Menschen, die diesen Weg gegangen sind, bestätigen. Außerdem werden so nebenbei eine ganze Anzahl von Fähigkeiten und Anpassungen entwickelt, die für die Gesundheit besonders wichtig sind, z. B. bessere Qualität aller Organe und Organsysteme, die für die Festigung der Gesundheit wichtig sind. Kaum zu glauben, daß dies alles durch dreimal 30 Minuten Radfahren pro Woche erreicht werden kann – ein Zeitaufwand, der weniger als $1/50$ der zur Verfügung stehenden Freizeit ausmacht!

Radfahren verbessert Sauerstoffaufnahme und Atmung

Die maximale Sauerstoffaufnahmefähigkeit des Menschen geht im Verlauf des Alterungsprozesses vom 25. bis 70. Lebensjahr um etwa die Hälfte zurück, von ca. 3 l/min auf ca. 1,5 l/min. Die Ursachen dafür liegen in Rückbildungsprozessen der Muskulatur, des Herz-Kreislauf-Systems und der Lunge. Durch Bewegungsarmut treten diese Rückbildungsprozesse heute schon ab etwa dem 30. Lebensjahr auf. Kurzatmigkeit beim Treppensteigen und schon bei leichten körperlichen Arbeiten sind das äußere Anzeichen dafür. Die Fähigkeit, Sauerstoff aufzunehmen, und eine hohe Sauerstoffsättigung des Blutes zu erreichen, sind jedoch wichtige Faktoren für Gesundheit und Leistungsfähigkeit. Organsysteme, die schlecht mit Sauerstoff versorgt sind, sind anfälliger gegen vielfältige Störungen. Wissenschaftliche Messungen haben bewiesen, daß alle diese Rückbildungsprozesse durch ein richtig dosiertes Ausdauertraining – z. B. durch Radfahren – aufzuhalten und rückgängig zu machen sind, wobei das Alter prinzipiell keine Rolle spielt. Die Stoffwechselfunktion und Aufnahmefähigkeit für Sauerstoff der Arbeitsmuskulatur wird verbessert, Herz und Kreislauf werden leistungsfähiger und die Lunge wird besser belüftet. Die Kurzatmigkeit im Alltagsleben wird spürbar vermindert. Durch die bei der körperlichen Aktivität vermehrten Atemarbeit wird die Fassungskraft der Lunge vergrößert, der Übergang des Sauerstoffs aus der Lunge in die Blutbahn erleichtert. Es können sogar neue Blutgefäße im Lungenkreislauf gebildet werden. Die Lungen trainierten Menschen sind nämlich viel stärker und besser durchblutet. Eine höhere Sauerstoffsättigung des Blutes hat eine positive Auswirkung auf sämtliche Körperorgane, vor allem auf Herz und Gehirn, da diese einen im Vergleich zu anderen Organen relativ hohen Sauerstoffbedarf haben. Prinzipiell haben die meisten Altersvorgänge im Körper eine große Ähnlichkeit mit den Mangelerscheinungen, die sich bei chronischem Sauerstoffmangel einstellen. Eine optimale Sauerstoffversorgung des Organismus ist daher ein wichtiger Faktor, um die biologische Alterung zu verzögern und sich die Jugendlichkeit möglichst lange zu erhalten.

18. Radfahren schont Sehnen, Bänder und Gelenke

Der Bewegungsapparat des Menschen – Sehnen, Bänder und Gelenke – verfügt nicht über eigene Blutgefäße, sondern ist auf die Versorgung durch Diffusion, d. h. auf das passive Durchsickern der Stoffe in die Gewebe angewiesen. Sie sind deswegen anfälliger gebenüber akuten Belastungen, auf die sie nicht langsam und allmählich vorbereitet wurden. Auch mit zunehmendem Alter werden diese Gewebe vermindert belastbar und brauchen länger für trainingsbedingte Anpassungen. So muß man schon ab dem 30. Lebensjahr, wenn man wieder mit körperlicher Aktivität beginnen möchte, sehr sorgfältig die Belastungen planen und steigern, damit hier keine Störungen auftreten. Schon das erhöhte Körpergewicht kann zu Überlastung dieser Strukturen führen, auch langsamer Dauerlauf und Sportarten mit Belastungsspitzen, wie z. B. Tennis. Auch spielt eine besondere Veranlagung im Sinne einer Bindegewebsschwäche sicherlich oftmals eine Rolle. Daher kann man nicht an alle Menschen die gleichen Maßstäbe anlegen, wenn man »Bewegung« verordnet. Beruhigend ist, daß man beim Radfahren dagegen kaum etwas falsch machen kann: Das Körpergewicht wird durch den Sattel getragen, die arbeitenden Gelenke sind entlastet und auch Sehnen und Bänder werden nicht zu stark beansprucht. Trotzdem treten Anpassungen ein, so daß diese Strukturen allmählich kräftiger werden, so daß man im Laufe der Zeit auch andere körperliche Bewegungsformen wählen kann. Außerdem bietet es Menschen, die bereits Gelenkerkrankungen aufweisen – wie z. B. Rheumakranke oder Menschen mit künstlichen Gelenken – die Möglichkeit, ihren Lebensraum auszuweiten. Oftmals werden Gelenkbeschwerden durch Radfahren gebessert, da die »Funktion die Form erhält« und der Stoffwechsel in den Gelenken durch Bewegung verbessert wird.

Radfahren reguliert den Stoffwechsel
Was man unter »Stoffwechsel« versteht, ist sehr vielseitig. Eine wichtige Grundlage für das Leben ist der Energiestoffwechsel, z. B. der Kohlenhydrate, Fette und Eiweißstoffe. Es mag einleuchten, daß durch körperliche Aktivität alle Zellen des Körpers, deren Zahl in die Billionen geht, gefordert sind. Sie müssen sich einem Ziel unterordnen, nämlich dem der Leistung. Und ihr Zusammenspiel wird trainiert. Umgekehrt geht durch Bewegungsmangel dieses Zusammenspiel manchmal verloren: Es kommt zu Stoffwechselstörungen. Ein Beispiel mag die Zuckerkrankheit sein, deren Ursache auf einen absoluten oder relativen Mangel des Hormons Insulin zurückgeht. Insulin ist für die Einschleusung des Blutzuckers in die Zelle verantwortlich, beeinflußt aber auch den Fett- und Eiweißstoffwechsel. Obwohl es auch Fälle von Zuckerkrankheit durch Viruserkrankungen und Autoimmunprozesse gibt, stellt doch die überwiegende Zahl der Fälle eine Art Zivilisationskrankheit dar, die bei entsprechender Erbanlage durch Bewegungsarmut und Überernährung gefördert wird. Daher ist Muskelarbeit ein ganz wesentlicher Pfeiler in Vorbeugung und Behandlung der Zuckerkrankheit. Denn Muskelarbeit spart Insulin, mach die Körperzellen empfindlicher für das im Körper vorhandene Hormon, so daß die Bauchspeicheldrüse entlastet wird. Bewegungsarmut stumpft dagegen die Zellen gegenüber der Insulinwirkung ab, so daß vor allem bei Menschen mit Übergewicht der Insulinspiegel im Blut erhöht sein muß, was auf die Dauer zur Erschöpfung der Bauchspeicheldrüse führen kann. Man sieht an diesem Beispiel, daß Bewegung ein ganz wesentlicher regulierender Faktor im Bereich des Stoffwechsels ist. Auch der Fettstoffwechsel wird optimiert, Blutfette und Cholesterin können sich normalisieren. Die Stoffwechselleistung der Leber, des größten Stoffwechselorgans, wird verbessert. Auch die Nebennieren werden gekräftigt, jene Hormondrüsen, die in ihrer Rinde die Streßhormone produzieren. Durch körperliche Aktivität trainierte Nebennieren können die streßbetonten Anforderungen unseres Leistungszeitalters viel besser überstehen. Dies mögen nur einige Beispiele sein, um zu zeigen, wie körperliche Aktivität ganz verschie-

dene Stoffwechselwege wieder aktivieren und optimieren kann. Außerdem werden Reserven geschaffen, die uns befähigen, auch vorübergehende Spitzenleistungen in Beruf und Freizeit ohne Schaden zu überstehen.

Radfahren dient dem Streßabbau
Die Streßreaktion war im Laufe der Entwicklung des Menschen notwendig, um sein Überleben zu sichern. Auch heute noch ist ein gewisses Maß an positivem Streß für die Stabilität der Lebensvorgänge erforderlich. Schädlich ist jedoch negativer Streß und Dauerstreß, von dem man sich nicht befreien kann. Dafür ist unser Organismus nicht geeignet. Die Streßreaktion hatte den Sinn, die körperlichen Voraussetzungen für Angriff oder Flucht zu schaffen: Der Kreislauf wird angeregt, Streßhormone werden ausgeschüttet, Blutzucker und Blutdruck steigen und viele andere Prozesse werden angekurbelt. Bleibt nun die körperliche Abreaktion aus, kreisen diese Stoffe im Blut und können den Körper insgesamt aus dem Gleichgewicht bringen. Sogenannte »Streßkrankheiten« sind die Folge. Die Auswirkungen von Distreß, d. h. der als unangenehm empfundene Streß, und Dauerstreß sind fast unübersehbar, da sie das gesamte Verhalten des Menschen negativ beeinflussen können. Daher ist es so wichtig, in der heutigen Zeit Techniken zu entwickeln, um sich von den Streßfolgen zu befreien. Dazu gehört neben geistigen Entspannungstechniken auch ein gewisses Maß an körperlicher Aktivität. Dabei soll diese nicht ihrerseits wiederum streßgeladen und aggressiv sein, sondern einen Ausgleich durch ausdauernde und entspannende Tätigkeit an frischer Luft schaffen. Dazu ist das Radfahren besonders geeignet. Es erleichtert dem Körper, die fast giftig wirkende Stoffe, die durch Streß und Ärger produziert wurden, abzubauen und der Seele, sich mit Spaß und Freude zu entspannen und zu erholen.

Radfahren – eine optimale Bewegungsart für Übergewichtige
Normalgewicht in Kilogramm = Körpergröße in Zentimeter minus 100. Das ist die nach wie vor gültige Broca'sche Formel für das Normalgewicht des Mannes, bei Frauen zieht man wegen des leichteren Körperbaues noch 10% ab. Mehr als $1/3$ der Bevölkerung liegen über diesen Werten und sicherlich mehr als die Hälfte haben die Neigung, zuzunehmen, besonders ab einem bestimmten Alter. Auch wenn man von Übergewicht erst dann spricht, wenn diese Werte um mehr als 10 bis 20% überschritten sind, fallen viele Millionen von Menschen in diesen Bereich. Übergewicht erhöht die Neigung zu hohem Blutdruck und Herzinfarkt, Krampfadern und Thrombosen, Zuckerkrankheit, Gicht, Gallensteinen, bestimmte Krebsformen und zu Verschleißerscheinungen der Wirbelsäule, Hüft- und Kniegelenke. Bei notwendigen Operationen sind Übergewichtige vermehrt gefährdet. Das wären wirklich Gründe, das Körpergewicht – sprich das Fettgewebe – auf Dauer zu vermindern.

Nach wie vor sind die beiden wichtigsten Faktoren zur Entstehung von Übergewicht Bewegungsmangel und Über- bzw. Fehlernährung. Und zwar in dieser Reihenfolge! Ohne körperliche Aktivität abnehmen zu wollen, ist auf Dauer kaum möglich, mit ihr jedoch viel leichter. Wenn man einen Dauererfolg bei der Gewichtsabnahme möchte, muß man knappe Ernährung und richtige körperliche Bewegung kombinieren und im Kopf genau wissen, daß es dabei auf folgende drei wichtige Aspekte ankommt:

- Der direkte Energieverbrauch durch körperliche Bewegung,
- die Bahnung von Stoffwechselwegen, die dem Fettabbau dienen,

Mit Ausdauerbewegung ist Gewichtsabnahme viel leichter.

- die Normalisierung des Appetitverhaltens. Tatsache ist, daß man durch körperliche Bewegung Energie in Form von Kalorien verbraucht. Auch wenn dieser Energieverbrauch meist nicht so groß ist, wie man gerne möchte, so ändert sich prinzipiell doch nichts an dieser Tatsache. Fett ist auf engstem Raum gespeicherte Energie. Umgekehrt: Um 1 kg reines Körperfett abzubauen, muß man etwa 8000 kcal einsparen – d. h., durch eine Stunde körperliche Aktivität werden gerade 100 g Fett verbraucht. Was über diesen Gewichtsverlust hinausgeht, ist meist durch Schweißverluste verursacht und durch Trinken rasch wieder aufgefüllt. Sicher sind diese 100 g Fettabbau wenig – aber sie summieren sich trotzdem. Und die direkte Fettverbrennung ist ja nicht der einzige Faktor, der dem Übergewichtigen hilft, abzunehmen. So ist z. B. auch nach der Belastung über viele Stunden der Grundumsatz, also der Ruhestoffwechsel des Körpers, erhöht, so daß auch nach der Belastung noch vermehrt Energie verbrannt wird.

Körperliche Bewegung fördert die Lipolyse, d. h. den Abbau von Fettgewebe. Dazu gibt es an den Fettzellen ganz bestimmte Angriffspunkte – Beta-Rezeptoren – die sich bei Bewegungsarmut einstülpen, also verschwinden, und bei Bewegung wieder herausgestülpt werden. Nur an diesen Rezeptoren können die abbauenden Enzyme angreifen. Da diese Angriffspunkte bei Bewegungsarmut verschwinden, fällt es übergewichtigen Menschen so schwer, ohne Bewegung abzunehmen. Das Bewegungsprogramm muß ausdauerbetont sein, mit geringer Intensität betrieben werden und von einer reichlichen Sauerstoffaufnahme begleitet sein. Nur dann treten diese Wirkungen ein. Und wenn man Geduld hat, etwa einige Wochen, reguliert sich fast unmerklich auch das gesamte Appetitverhalten: Das Hungergefühl nimmt ab, die Disziplin beim Essen nimmt zu und es zeigt sich Appetit auf jene Nahrungsmittel, die allgemein als gesund empfohlen werden – auf die man bisher aber keinen Appetit hatte.

Radfahren – eine umweltfreundliche Fortbewegungsform
Ölkrisen, Umweltverschmutzung und Waldsterben sollten uns nachdenklich machen. Man beobachte nur einmal den Berufsverkehr in den Städten. Auf jeden Fall sollten jene, die weniger als 5 km Weges bis zur Arbeitsstätte zurückzulegen haben, überlegen, ob sie nicht manchmal mit dem Fahrrad fahren sollten. Schließlich haben Untersuchungen ergeben, daß allein die Art und Weise, wie man Arbeitsstätte oder Schule erreicht, schon den Fitneßgrad und die körperliche Belastbarkeit entscheidend mitbestimmen können. Man hat Personen und Schüler getestet, die mit dem Bus oder Pkw bis vor die Arbeitsstätte oder Schule gelangten, bis zu 1 km zu Fuß gingen oder die etwa 5 km mit dem Fahrrad fuhren. In dieser Reihenfolge stieg auch der Fitneßgrad! Allein diese geringe zusätzliche Belastung hat das bewirkt. Ein weiteres Erlebnis ist es, zur Arbeitsstätte zu gelangen, ohne jemals tanken zu müssen. Vielleicht besinnt man sich auf diese Möglichkeit, wenn man an seine Gesundheit denkt –

und wenn die Städte langsam fahrradfreundlicher werden.

Radfahren zur Wiederherstellung nach Verletzungen und Erkrankungen
Weltweit werden jährlich 50 000 bis 60 000 künstliche Gelenke implantiert, bis zur Jahrtausendwende sollen es sogar 70 000 sein. Gelenkerkrankungen sind im Zunehmen begriffen. Der sog. »Gelenkverschleiß« ist meist nicht die Folge von tatsächlichem Verschleiß durch Überbeanspruchung, sondern Folge von zu geringer Belastung und von Fehlbelastung. Gerade zur Vorbeugung und Behandlung von Gelenkerkrankungen ist Radfahren eine der risikoärmsten Bewegungsarten. Auch viele Sportler nach Operationen, z. B. nach Meniskus-Operationen, haben das Radfahren als Möglichkeit der Frühmobilisation entdeckt. Sogar Menschen mit Beinverkürzungen und Gelenkversteifungen haben in findiger Weise noch die Möglichkeit des Radfahrens zur Bewegung entdeckt, indem sie die Länge der Tretkurbel ihrem Leiden entsprechend verkürzten. Auch nach allgemein-internen Erkrankungen, die schon innerhalb einer Woche zu einem spürbaren Verlust an Anpassungen führen, vermag das Radfahren dazu zu verhelfen, schneller wieder auf die Beine zu kommen und Kräfte zu sammeln.

Radfahren – ein Geschenk der Zivilisation zum Abbau ihrer eigenen Risikofaktoren
In unserem Lande ist als Folge der Technisierung und Automation unserer Lebenswelt der tägliche Kalorienverbrauch pro Kopf der Bevölkerung von 1950 bis 1970 um 450 kcal zurückgegangen. Diese Zahl ist der Ausdruck des Bewegungsmangels, den wir uns durch Fortschritt der Technik selbst geschaffen Innerhalb dieses qualitativ veränderten Lebensumfeldes unterliegen wir aber denselben biologischen Gesetzmäßigkeiten wie der Mensch früherer Jahrtausende. Struktur und Leistungsfähigkeit unserer Organe werden nach wie vor bestimmt vom Erbgut sowie von der Qualität und Quantität ihrer Beanspruchung. Bleibt diese chronisch unterhalb einer kritischen Reizschwelle, entstehen zunächst Funktions- und Leistungseinbußen, später jedoch Störungen, die bereits einen krankheitsnahen Zustand darstellen. Die Disposition für Krankheiten ganz allgemein wird erhöht, insbesondere für Herz-Kreislauf-Erkrankungen, hohen Blutdruck, Übergewicht, Zuckerkrankheit und andere Stoffwechselerkrankungen, allergische Erkrankungen und die weit verbreiteten Erkrankungen des vegetativen Nervensystems, z. B. vegetative Funktionsstörungen und depressive Verstimmungen. Im Krankengut eines niedergelassenen Arztes bestimmen diese Risikofaktoren und die psychosomatischen Erkrankungen mehr als 80% des gesamten Krankengutes! Wenn wir heute nach verstärkter Vorbeugung (Prävention) rufen, so müssen wir uns auch klar darüber sein, daß dies nicht ohne eigene Mitarbeit und ohne ein gewisses Maß an körperlicher Aktivität möglich ist. Wenn der Mensch biologischen Gesetzen früherer Zeiten auch weiterhin unterliegt, so muß er sich eben danach richten. Andererseits ist es nicht der Sinn des Lebens, ständig in Verzicht und Unlust zu leben – aber eine gewisse Disziplin ist notwendig! Wenn schon Bewegung, dann soll sie nicht anstrengend und unlustbetont, sondern leicht und freudbetont sein, wenn möglich sogar Spaß bereiten. Wenn es diese 450 kcal pro Tag sind, die wir nicht wie früher durch Bewegung verbrauchen, und dies ein Faktor ist, der unsere Gesundheit gefährdet, dann müssen wir uns eben diesem Gesetz beugen und diese läppischen 450 kcal durch körperliche Aktivität verbrennen. Das ist alles.

Mit dem Fahrrad ist es möglich, die letzten Abenteuer in unserer Welt zu erleben –
fern von Zivilisation in freier Natur.

Ausdauer – die wichtigste motorische Hauptbeanspruchungsform

Unser größtes Stoffwechselorgan ist die Skelettmuskulatur. Sie macht immerhin, je nach Körperzusammensetzung, 30 bis 35% des Körpergewichtes aus. Das Stoffwechselorgan Muskulatur kann man durch fünf motorische Hauptbeanspruchungsformen qualitativ unterschiedlich beanspruchen, nämlich durch Kraft, Schnelligkeit und Ausdauer sowie durch Koordination (Technik) und Flexibilität (Gelenkigkeit). Man kann zwar auch mit Krafttraining sowie mit Verbesserung der Koordination und Gelenkigkeit die Qualität der Skelettmuskulatur und des übrigen Bewegungsapparates verbessern – aber nur mit der Beanspruchung auf Ausdauer kann man die wertvollsten gesundheitlichen Reize erzielen.

Allgemein versteht man unter Ausdauer die Fähigkeit, eine gegebene Leistung über einen möglichst langen Zeitraum durchhalten zu können. Somit ist Ausdauer gleichbedeutend mit Ermüdungswiderstandsfähigkeit. Es gibt verschiedene Formen der Ausdauer, mit denen wir uns aber nicht aufhalten wollen. Die für uns gesundheitlich wichtigste Form ist die »allgemeine aerobe dynamische Langzeitausdauer«, die immer dann gemeint ist, wenn in diesem Buch von »Ausdauer« gesprochen wird. Zur Erklärung: »Allgemein« bedeutet, daß mehr als $1/6$ bis $1/7$ der Skelettmuskulatur beansprucht wird. »Aerob« heißt, daß die Sauerstoffaufnahmefähigkeit nicht überschritten wird. »Dynamisch« bedeutet, daß dabei ein Weg zurückgelegt wird. »Langzeitausdauer« schließlich bezieht sich darauf, daß die Belastungsdauer mehr als 30 Minuten beträgt. Nur diese Zeit gewährleistet die gesundheitlich wichtigen Anpassungen. Gleichzeitig ist dies die Erklärung dafür, daß das, was wir normalerweise im Alltag als »Bewegung« bezeichnen, immer nur zu kurze Belastungsphasen beinhaltet, als daß sie sich gesundheitlich genügend auswirken könnten.

Anpassung des Organismus auf Ausdaueranforderungen

Es sind zwar im vorhergehenden Kapitel eine ganze Anzahl von Anpassungen durch Radfahren beschrieben worden, aber wegen ihrer großen Bedeutung sollen die »Ausdauer-Adaptationen« nochmals übersichtlich zusammengefaßt werden:

- Zunahme der aeroben Enzyme, d. h. jener Stoffwechselaktivatoren, die Kohlenhydrate und Fette mit Sauerstoff verbrennen.
- Zunahme der »Kraftwerke der Zelle« – der sog. Mitochondrien – an Zahl und Größe. In ihnen findet der durch die vorher genannten Enzyme gesteuerte Stoffwechsel statt.
- Zunahme des Muskelfarbstoffes Myoglobin, der analog dem Blutfarbstoff Hämoglobin die Aufgabe hat, in den Muskelzellen den Sauerstofftransport zu verbessern.
- Anstieg der Energiespeicher in der Muskelzelle, nämlich von energiereichen Phosphaten, Kohlenhydraten (Glykogen) und Fett.
- Verbesserung der Muskeldurchblutung durch Anstieg der Zahl der kleinen Blutgefäße (Kapillaren), die bis zur Verdoppelung der Zahl der Kapillaren pro Muskelfaser gehen kann.

Die **gesundheitlichen Auswirkungen** auf den gesamten Organismus durch diese Veränderungen sind:

- Eine Verbesserung der maximalen Sauerstoffaufnahmefähigkeit, die ein ganz wesentliches Kennzeichen des biologischen Alters ist. Ohne Training geht sie vom Jugendalter bis zum

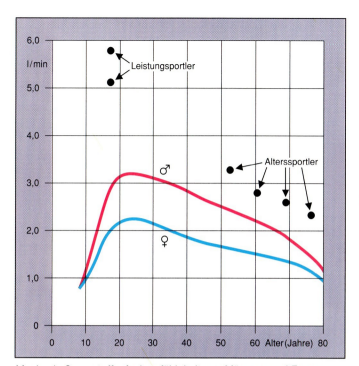

Maximale Sauerstoffaufnahmefähigkeit von Männern und Frauen im Laufe des Lebens. Einzelne Werte von Leistungs- und Alters-Ausdauersportlern zum Vergleich (nach W. HOLLMANN)

Seniorenalter um die Hälfte zurück, während sie durch Training auf der Stufe von mindestens 20 Jahre jüngeren untrainierten Personen gehalten werden kann.
- Eine prozentuale Zunahme der Verbrennung freier Fettsäuren auf submaximalen Belastungsstufen. Das bedeutet eine Senkung der Blutfette sowie eine Gewichtsabnahme. Gleichzeitig wird innerhalb der Cholesterinanteile das Verhältnis in Richtung zum HDL-Cholesterin verschoben, d. h. ein gewisser Schutz gegen Arteriosklerose erzeugt.
- Durch die Vermehrung der Blutkapillaren in der Muskulatur wird der gesamte Gefäßquerschnitt vergrößert, so daß der periphere Gefäßwiderstand abnimmt. Dadurch wird oftmals ein erhöhter Blutdruck zumindest in der Tendenz gesenkt, vielleicht sogar normalisiert, zumal wenn gleichzeitig eine Gewichtsabnahme erreicht wird.
- Abnahme der Herzschlagzahl pro Minute in Ruhe und bei vergleichbaren submaximalen Belastungsstufen. Das bedeutet indirekt, daß die Erholungspause zwischen zwei Herzschlägen länger und die Durchblutung der Herzkranzgefäße besser wird.
- Durch Senkung eines erhöhten Blutdrucks verringerte Herzarbeit.
- Verbesserte elektrische Stabilität des Herzens. Dadurch Verminderung der Neigung zu Extraschlägen.
- Verminderte Freisetzung von Streßhormonen im Herzmuskel und im gesamten Körper (Nebennieren) bei vergleichbaren Belastungsstufen.

Diese Anpassungen bedeuten einen geringeren Sauerstoffbedarf des Herzens für vergleichbare Belastungen gegenüber vor dem Training. Dadurch ergibt sich bei geschädigtem Herzen – z. B. bei Herzkranzgefäßverengungen oder nach Herzinfarkt – eine größere Leistungsbreite.
Außerdem kommt es noch zu **weiteren Anpassungen,** die einen gewissen Schutz gegen Arteriosklerose und Herzinfarkt bedeuten können:
- Erhöhung der sog. fibrinolytischen Aktivität des Blutes, d. h. der Fähigkeit, Niederschläge von Fibrin aufzulösen. Diese Fibrinniederschläge sind

der Anfang der Blutgerinnung, die bei der Entstehung von arteriosklerotischen Verengungen und Thrombosen eine Rolle spielen.
- Verminderung der Neigung von Blutplättchen, sich zusammenzuballen – ebenfalls eine Vorbeugung gegen Arteriosklerose, Herzinfarkt und Thrombosen.
- Insgesamt wird die Fließeigenschaft des gesamten Blutes durch verbesserte Verformbarkeit der roten Blutkörperchen gesteigert. Dies bedeutet eine bessere Versorgung aller Gewebe mit Sauerstoff und Nährstoffen.
- Schließlich wirkt auch die genannte Verschiebung des Cholesterins zum HDL-Cholesterin vorbeugend gegen Arteriosklerose.

Es gibt kein Medikament, das – vor allem bei fehlenden Nebenwirkungen – die gleich große Zahl an positiven gesundheitlichen Wirkungen hätte wie die genannten Anpassungen im Zuge eines richtigen Ausdauertrainings!

Als **Minimalvoraussetzungen für Ausdaueranpassungen** hat die Sportmedizin folgende Richtlinien erarbeitet:
- Es muß sich um eine dynamische Beanspruchung großer Muskelgruppen handeln, z. B. Laufen und Radfahren – aber auch Skiwandern, Schwimmen u. a.
- Die Belastungsdauer sollte an einem Stück mindestens 30 bis 40 Minuten betragen. Dieses Training sollte drei- bis viermal wöchentlich durchgeführt werden.
- Dabei sollte die Belastungsintensität so hoch sein, daß bei gesunden Personen unterhalb des 50. Lebensjahres Pulsfrequenzen von 130/min erreicht werden. Ansonsten gilt die Formel: Trainingspulsfrequenz = 180 – Lebensalter. Beachten sollte man, daß gewisse Medikamente – Beta-Blocker, bestimmte Mittel gegen hohen Blutdruck, u.a. – die Herzfrequenz bremsen können, so daß um etwa 20 Schläge niedrigere Werte zur Trainingssteuerung heranzuziehen sind.

Die Trainierbarkeit auf Ausdauer bleibt während des gesamten Lebens erhalten. Untersuchungen bei Menschen zwischen 55 und 70 Lebensjahren haben gezeigt, daß ihre maximale Sauerstoffaufnahmefähigkeit als Ausdruck des Ausdauertrainingszustandes nach einem Ausdauertraining von zwölf Wochen Werte erreichte, die durchschnittlich 20 Jahre jüngeren untrainierten Personen entsprach. Das müßte eigentlich für viele ältere Menschen ein ausreichendes Motiv sein, sich mehr zu bewegen.

Muskelfasern und ihre Bedeutung für die Ausdauerleistung

Wissen sollte man, daß trotz der sekundären und indirekten Auswirkungen auf Herz und Kreislauf die wichtigsten Anpassungen in der Skelettmuskulatur stattfinden. Denn sie ist tatsächlich das größte und wichtigste Stoffwechselorgan beim Ausdauertraining. Innerhalb der Skelettmuskulatur findet durch Ausdauertraining eine Umwandlung von Muskelfasern statt, die sogar unter dem Mikroskop sichtbar sind. Man unterscheidet Ausdauerfasern, Kraftfasern und Fasern vom Zwischentyp. Radfahrtraining zielt darauf ab, nicht Kraftfasern sondern Ausdauerfasern zu erzeugen. Dabei müssen die miteinander konkurrierenden Eigenschaften »Ausdauer« und »Kraft«, die gegensätzliche Eigenschaften bedeuten, durch richtige Technik und Wahl der richtigen Übersetzung miteinander in Einklang gebracht werden. Um das zu verstehen, sollen die Eigenschaften dieser Muskelfasern kurz skizziert werden.

Kraftfasern
Wie der Name sagt, sind ihre Krafteigenschaften groß

– aber auch ihre Ermüdbarkeit. Sie sind mehr für den anaeroben Stoffwechsel, also den ohne Sauerstoff, geeignet. Sie enthalten weniger Muskelfarbstoff (Myoglobin), weniger »Kraftwerke« (Mitochondrien) und weniger Blutgefäße (Kapillaren). Das bedeutet insgesamt, daß sie weniger für den Sauerstofftransport geeignet sind, sondern nur für kurze intensive Kraftleistungen. Diese Eigenschaften sind aber von geringer gesundheitlicher Bedeutung für den Gesamtorganismus.

Ausdauerfasern
Dieser Muskelfasertyp gewährleistet eine hohe Sauerstoffaufnahmefähigkeit infolge einer hohen aeroben Stoffwechselkapazität. In diesen Muskelfasern sind alle oben genannten Anpassungen lokalisiert. Die für den aeroben Stoffwechsel und die Sauerstoffaufnahme wichtigen Strukturen – Enzyme, Mitochondrien, Muskelfarbstoff, Blutgefäße u. a. – sind in diesen Fasern vermehrt vorhanden. Außerdem befinden sich in ihnen die für die Ausdauerleistungen notwendigen Energiereserven, vor allem an Kohlenhydraten und Fetten.

Mit Spaß und Freude ausdauernd in der Natur unterwegs zu sein, bringt die besten gesundheitlichen Ergebnisse.

Muskelfasern vom Zwischentyp
Diese Fasern stehen sowohl in bezug auf ihre Kontraktionseigenschaften (Kraft, Ausdauer) als auch auf ihre Stoffwechselleistungen zwischen den Kraft- und Ausdauerfasern. Sie stellen jene Fasern dar, die durch entsprechendes Training in den einen oder anderen Fasertyp umgewandelt werden können – vom gesundheitlichen Standpunkt aus möglichst in Ausdauerfasern. Wichtig ist die Erkenntnis, daß das Verhältnis dieser Muskelfasertypen nicht von Geburt an fixiert und unveränderlich ist, sondern daß sie durch richtiges Training tatsächlich in den gewünschten Fasertyp umgewandelt werden können – und daß erst dies die Grundlage für die erreichbare Ausdauerleistungsfähigkeit darstellt. Herz, Kreislauf und Atmung passen sich sekundär diesen Veränderungen an, die aufgebauten neuen Ausdauerfasern der Muskulatur mit genügend Sauerstoff und Nährstoffen zu versorgen. Die optimale Trainingsarbeit muß daher bei der peripheren Skelettmuskulatur – und das besonders beim Radfahren – beginnen, damit man optimale gesundheitliche Wirkungen und eine möglichst hohe Sauerstoffaufnahmefähigkeit erreicht, und zwar durch stoffwechselaktive Beinmuskelzellen.

Radfahren – Konditionstraining für andere Sportarten

Ein Gewichtheber braucht eine andere Kondition als ein Marathonläufer. »Kondition« bedeutet für jede Sportart etwas anderes, gewissermaßen eine ganz individuelle Zusamensetzung und Wertung der fünf motorischen Hauptbeanspruchungsformen Kraft, Schnelligkeit, Ausdauer, Koordination und Gelenkigkeit. Nach heutigen wissenschaftlichen Erkenntnissen ist in jeder Sportart ein gewisses Maß an Ausdauer notwendig, sogar bei den Kraftsportarten. Denn Ausdauer bedeutet Ermüdungswiderstandsfähigkeit und eine verbesserte Fähigkeit, sich von den Belastungen zu erholen. Nicht umsonst fahren professionelle Sportler wie Ivan Lendl (Tennis) oder Walter Röhrl (Autorallyesport) viele Kilometer mit ihren Rennrädern, um den für ihre Leistung wichtigen Anteil an Ausdauer zu erwerben. Auch viele Sportler aus anderen Sportarten – z. B. Skilanglauf, Ski-Alpin, Eisschnellauf, Eishockey – fahren im Sommer mit dem Rennrad oder Mountain-Bike, um eine gute Ausgangslage für das Wintertraining zu bekommen. Auch Fußballspieler haben die Bedeutung der Ausdauer erkannt und bauen ausdauerbetonte Trainingseinheiten in den Trainingsplan ein. Denn im Gegensatz zu der früheren Meinung, Ausdauertraining mache langsam, hat sich gezeigt, daß genau das Gegenteil der Fall ist. Wer

Ausdauer braucht man heute in allen Sportarten. Zur Verbesserung der Belastbarkeit, Regeneration und Nervenstärke – wie hier der Autorallyefahrer Walter Röhrl (Bild Mitte).

Spaß und Freude am Radfahren

Radfahren ist auch gut geeignet, sich auf den Wintersport vorzubereiten – wie hier Markus Wasmeier (Ski alpin)

Begeisterung, Spaß und Freude sind die größten und besten Triebkräfte in unserem Leben – sie müssen nur in die richtige Richtung gehen. Man empfindet es oft als Pflicht und Belastung, wenn von einem verlangt wird, etwas für seine Gesundheit zu tun. Umgekehrt hat man Neigungen, die eine Eigendynamik entfalten und keine Anstrengung erfordern. Deswegen wäre es klug, seine Pflichten zu Neigungen zu machen. Gerade das Radfahren bietet zahlreiche Möglichkeiten dafür. Zum Teil haben wir sie bereits genannt, doch wollen wir – weil wirklich die Motivation das Wichtigste ist – vor dem sachlich-fachlichen Teil dieses Buches noch einige Erkenntnisse und Erfahrungen anfügen.

Eine frohe Kunde ist die Tatsache, daß gesundheitlich optimale Anpassungen im Organismus bereits durch gewisse Minimalbelastungen möglich sind. Man muß nicht »pushen und powern«, sondern kann gewissermaßen durch »Soft-Cycling« mit Spaß und Wohlbefinden den Prozeß des Gesundwerdens im Körper genießen. Es hat sich sogar gezeigt, daß durch Muskelarbeit bestimmte Eiweißstoffe

nämlich eine hohe Ermüdungswiderstandsfähigkeit erwirbt, kann auch nach längeren Belastungen mit einem wacheren Nervensystem viel schneller reagieren.

Auch Fitneßtraining ist heute kein reines Krafttrainig mehr. Denn »Fitneß« bedeutet nicht nur rohe Muskelkraft. Es ist zwar schwierig, den Begriff Fitneß überhaupt klar zu umreißen. Im Prinzip bedeutet er nur Tauglichkeit für irgendetwas. So ist die körperliche Fitneß für Kraftleistungen ganz anders als für Ausdauerleistungen. Daher sagt man, Fitneß sei der Zustand einer im psychischen und physischen Bereich guten Leistungsbereitschaft für eine bestimmte Aufgabe. So ist Fitneß eigentlich für jeden etwas anderes. Für den Sportler bedeutet Fitneß eine bessere Leistungsfähigkeit in seinem Sport – für den normalen Bürger eine bessere Belastbarkeit in Beruf und Freizeit, wobei auch gesundheitliche Aspekte eine Rolle spielen. Eine optimale Fitneß für den Menschen der heutigen Zeit wäre eigentlich die harmonische Ausprägung aller fünf motorischen Hauptbeanspruchungsformen in einem ausgewogenen Verhältnis. Vom gesundheitlichen Standpunkt jedoch ist die Eigenschaft »Ausdauer« dabei der wichtigste Baustein.

(Aminosäuren) verbrannt werden, die im Gehirn für die Erzeugung schlechter oder gar depressiver Stimmung verantwortlich sind. Dadurch kann das Wohlgefühl nach muskulärer Tätigkeit erklärt werden. Radfahren kann also auch seinerseits eine gute Stimmung erzeugen und depressive Verstimmungen vertreiben. Gerade in der heutigen Zeit, da über 80% der Erkrankungen psychosomatisch gefärbt sind, ist das ein weiterer sehr wichtiger Gesichtspunkt. Das Wohlbefinden wird auch gefördert, da durch Ausdauerbewegung im Körper Stoffe entstehen, die Schmerzen und Unlustgefühle nicht mehr so stark spüren lassen. Gerade Menschen mit Gelenkschmerzen berichten darüber. Diese Stoffe werden Endorphine genannt. Auch die entspannende Wirkung des Radfahrens im seelischen und körperlichen Bereich haben wir erwähnt. Man wird durch Radfahren ruhiger und schläft besser. Gleichzeitig wird man durch die Alltagsarbeit nicht mehr so stark ermüdet, so daß man wiederum mehr von der Freizeit hat. Nochmals soll darauf hingewiesen werden, daß infolge der besseren Hirndurchblutung während des Radfahrens sich oftmals Ideen einstellen, die man sonst nie hätte, die Kreativität meßbar ansteigt, sich Probleme fast von selbst lösen und es zu einer allgemeinen Gedankenberuhigung kommt.

Letztendlich wirkt auch der Aufenthalt in frischer Luft und natürlicher Landschaft befreiend auf Gemüt und Seele. Man erlebt den Wechsel der Jahreszeiten viel bewußter und befindet sich im Einklang mit dem Rhythmus der Natur. Das alles kann man durch andere Sportarten oder Bewegungsformen nicht in dem Maße erleben – wie durch richtiges Radfahren. Deswegen wollen wir jetzt zur Tat schreiten und die Voraussetzungen dafür darstellen.

Erwachsene und Kinder erleben Ausdauer mit Spaß und Freude.

Fahrrad und Ausrüstung

Ein Fahrrad ist ein vielseitiges Instrument, das auf eine lange Entwicklung zurückblicken kann. Sicherlich ist zunächst wichtig, zu welchem Zweck man das Fahrrad benötigt, schließlich auch Gesichtspunkte der Sicherheit und Funktionalität. In neuerer Zeit hat man, da das Fahrrad ein umweltfreundliches Fortbewegungsmittel ist, auch daran gedacht, dessen Produktion umweltfreundlich zu gestalten. Das Ergebnis ist ein richtiges Öko-Fahrrad, das auch höchsten qualitativen Ansprüchen gerecht wird. Gerade die Qualität der beweglichen Fahrradteile ist wichtig. Auch nützliches Zubehör wie Gepäckträger, Gepäcktaschen, Radständer, Trip-Computer usw. sind nebst der Sicherung durch Sicherheitsschlösser zu bedenken. Auch sollte man durch ein Minimum an Werkzeug und Ersatzmaterial sowie die Fähigkeit, kleine Reparaturen wie Reifendefekte, Kettenwechsel und Zentrieren von Speichen selbst auszuführen, unabhängig von den sowieso seltenen Fahrradwerkstätten werden.

Zur Ausrüstung gehört auch die zweckmäßige Bekleidung, die die Körperwärme optimal abgeben und gleichzeitig vor Witterungseinflüssen schützen soll.

Das moderne Outfit des Radfahrers

Das richtige Fahrrad zum richtigen Zweck

Das ideale Fahrrad soll seinen ihm zugedachten Zweck erfüllen und möglichst körpergerecht sein. Da auch beim Fahrrad der Satz »eine Kette ist nur so stark wie ihr schwächstes Glied« gilt, sollte man bei einem Gerät, das aus über tausend Einzelteilen besteht, bei allem auf Qualität achten. Wichtig ist vor allem auch die sicherheitstechnische Ausrüstung. Aber bevor man sich im Räderwald infolge des großen, verschiedenartigen Angebotes verirrt und dadurch sein Vorhaben, sich zu bewegen, vorzeitig wieder aufgibt, sollte klar gesagt werden: Anfangen kann man mit jedem Fahrrad, auch mit dem, das vielleicht jetzt noch verstaubt im Keller steht. Man muß es nur fahrtüchtig machen.
Sollte man sich aber zur Neuanschaffung eines Fahrrades entschließen, sind zunächst die beiden wichtigsten Fragen zu beantworten: Welchen Zweck soll das Fahrrad erfüllen? Welche Streckenart und -länge will man hauptsächlich zurücklegen? Prinzipiell kann man bei der Vielfalt der angebotenen Modelle vielleicht folgende zweckbetonte Haupteinteilung treffen:

Normales Tourenrad

Touren-Sportrad

Modernes Reiserad

Das Fahrrad als Gebrauchsgerät
- »Normales« Tourenrad
- Alltagsfahrrad oder »City-Bike«

Das Fahrrad als Erlebnisgerät
- Touren-Sportrad
- Reiserad
- Mountain-Bike

Das Fahrrad als Sportgerät
- Sportrad
- Rennrad

Allein diese Entscheidung kann schon schwerfallen – und zur Anschaffung eines Zweit- und Dritt-Fahrrades führen. Entscheidend für die Vielfalt des Angebotes war die Entwicklung des »normalen« Fahrrades zum Billig-Fahrrad. Dabei gab es so viele Schwachpunkte, daß viele die Freude daran verloren. Das Fahrrad der Zukunft ist wieder ein Präzisionsgerät. Die Rahmen werden immer leichter, die Schaltungen immer bequemer und raffinierter, die Bremsen immer besser und alles zusammen immer bunter. Es gibt sozusagen für jede Lebenslage ein bestimmtes Fahrrad. Dadurch ist dieses Gerät gesellschaftsfähig geworden, passend in unsere Zeit.

Als Gebrauchsgerät kann man jedes, vor allem auch das alte Fahrrad einsetzen, das einigermaßen zu den eigenen Körperabmessungen paßt. Damit kann man den Weg zur Arbeit zurücklegen. Zum Einkaufen emp-

Mountain-Bike

Rennrad

fiehlt sich das City-Bike mit entsprechenden Gepäckträgern. Um die Fortbewegung in freier Landschaft zu erleben, wird man sich für ein Touren-Sportrad oder ein stabiles, verläßliches Reiserad entscheiden mit der Möglichkeit, eine ganze Anzahl von Gepäcktaschen unterzubringen. Das Mountain-Bike ist ein Fahrradtyp für sich, eigentlich in den USA entwickelt, um sich in unwegsamen Gelände wild austoben zu können. Das Mountain-Bike ist zur richtigen Mode geworden. Fast jedes dritte verkaufte Fahrrad ist ein Mountain-Bike! Wer sich von diesem Trend mitreißen läßt, ohne zu überlegen, ob man sich wirklich »in unwegsamen Gelände wild austoben möchte«, ist nachträglich enttäuscht, weil dieses meist relativ teure Fahrrad nicht den eigenen Wunschvorstellungen entspricht. Vor allem sind die dicken, stollenbesetzten Reifen nicht unbedingt für Fahrten auf guten Wegen notwendig. Außerdem wird dadurch das Fahrrad etwas schwergängig, die Rollreibung ist vergrößert. Was jedoch am Mountain-Bike fasziniert, ist die Stabilität seiner Einzelteile – und dieses Prinzip hat dazu geführt, stabile, verläßliche Reiseräder zu konstruieren, ohne die dicken, breiten, stollenbesetzten Reifen des Mountain-Bikes. Das Reiserad entspricht eigentlich den Vorstellungen, die man sich heute von einem technisch ausgereiften Fahrrad macht.

Wer jedoch nach den ersten Anfangsschritten entdeckt, daß das Fahrrad als Sportgerät das Richtige ist, wird mit einem Sportrad oder gar einem Rennrad liebäugeln. Diese Räder sind leichter und trotzdem stabil gebaut, verfügen über gutes Material und haben eine Kettenschaltung, die man oft bewundernd als »12-Gang-Schaltung« oder gar »14-Gang-Schaltung« bezeichnet, obwohl man – wie später dargelegt (siehe Seite 81) – von dieser großen Gang-Auswahl nur ein Bruchteil in der Praxis benutzt. Schließlich gibt es von verschiedenen Fahrradtypen noch unterschiedliche Ausführungen für Damen und Herren, Kinder und Jugendliche mit unterschiedlichen Rahmen- und Reifengrößen.

Die richtige Radgröße
Was bedeutet die »Zollzahl«?
Die Angabe der Zollzahl eines Fahrrades bezieht sich auf den Durchmesser der Laufräder einschließlich des aufgepumpten Reifens. Die Angabe in Zoll (1 Zoll = 2,539 cm oder rund 2,54 cm) geht auf die Zeiten der Erfindung des Fahrrades zurück. Das erste Fahrrad war ein »Laufrad« ohne Antrieb durch Tretkurbeln oder Kette. Diese sog. »Draisine« wurde von Freiherr Drais von Sauerbronn 1818 zum Patent angemeldet. Wir wollen uns mit der Entwicklung des Fahrrades, zu der eine Vielzahl von Erfindungen notwendig war, nicht zu lange aufhalten, sondern nur die wichtigsten zum Verständnis der Zollzahl-Entwicklung erwähnen. Nach dieser ersten Laufmaschine erfand man Tretkurbeln für die Vorderräder. Das Vorderrad wurde zum Antriebsrad, dessen Durchmesser in Zoll gemessen wurde (z. B. 28 Zoll = 71,09 cm). Bei einer Tretkurbelumdrehung legte man mit diesem 28-Zoll-Rad einen Radumfang von 2,23 m zurück (Raddurchmesser mal Konstante π (griech. pi) d. h 3,1415 oder rund 3,14). Der Raddurchmesser entsprach also der »Übersetzung«. Logisch war dann die Entwicklung zur Vergrößerung des Vorderraddurchmessers, um diese Übersetzung und die Fortbewegungsgeschwindigkeit zu vergrößern. Dadurch erklärt sich die Entwicklung des Hochrades. In Paris wurde schließlich ein Hochrad mit einem Vorderraddurchmesser von 3 m und einem Gewicht von 65 kg konstruiert. Der wesentlichste Fortschritt war die Erfindung des Kettenantriebes zum Hinterrad um 1879. Etwa zehn Jahre später wurden die bis dahin üblichen Vollgummireifen durch Lufttreifen abgelöst, die von dem schottischen Tierarzt J. B. Dunlop erfunden wurden. Der deutsche Ernst Sachs erfand um die Jahrhundertwende die Freilaufnabe und kurz darauf die Rücktrittbremse. Erst ab da war des Siegeszug des Fahrrades nicht mehr aufzuhalten – aber die Angabe der Raddurchmesser in Zoll blieb. Üblich sind Laufradgrößen von 20 bis 28 Zoll. Sie bestimmen auch weitgehend die Gesamtgröße des Fahrrades, da meist bestimmte Rahmenhöhen mit bestimmten Laufradgrößen gekoppelt sind. Man kann folgende **Empfehlungen zur Wahl der Fahrradgröße** angeben:
- Kinder bis ca. 145 cm Körpergröße sollten ein

Kinderfahrrad benutzen mit einem Laufraddurchmesser von 20 Zoll (50,7 cm).
- Größere Kinder und mittelgroße Jugendliche bis zu einer Körpergröße von 165 cm sollten ein Jugendrad mit einem Laufraddurchmesser von 24 Zoll (60,9 cm) bekommen.
- Fahrräder mit einem Laufraddurchmesser von 26 Zoll (66,0 cm) eignen sich für mittelgroße Erwachsene und größere Jugendliche.
- Normalgroße und große Erwachsense sollten Fahrräder mit einem Laufraddurchmesser von 28 Zoll (71,1 cm) benutzen.

Zu diesen Laufraddurchmessern passen meistens bestimmte Rahmenhöhen. Die Rahmenhöhen vom Mittelpunkt der Tretlagerachse bis zur oberen Kante des Sitzrohres gemessen (siehe Seite 37). Folgende Beziehungen zwischen Laufraddurchmesser und Rahmenhöhen sind üblich:
- Laufraddurchmesser 20 Zoll – Rahmenhöhe 35 bis 42 cm
- Laufraddurchmesser 24 Zoll – Rahmenhöhe 40 bis 50 cm
- Laufraddurchmesser 26 Zoll – Rahmenhöhe 50 bis 55 cm
- Laufraddurchmesser 28 Zoll – Rahmenhöhe 55 bis 60 cm

Fachsimpelei unter Kennern: Sowohl die Kleinsten – wie die Größten haben Spaß am Radfahren, wenn die Fahrradgröße zur eigenen Körpergröße paßt.

Diese Angaben genügen bereits, um sich ein Fahrrad gewissermaßen »von der Stange« zu kaufen, das zu den eigenen Körpermaßen paßt.

Der Rahmen – das Kernstück des Fahrrades
Die wichtigsten Teile des Fahrradrahmens sind das Oberrohr (Horizontalrohr), das Sitzrohr (Sattelrohr), das Unterrohr (Schrägrohr), das Steuerrohr (Lenkkopfrohr), das Tretlagergehäuse, der Hinterbau mit Ketten- und Sitzstreben sowie die Gabel mit Gabelschaft und Gabelkopf. Der richtige Rahmenbau ist eine Wissenschaft für sich, besonders wenn es sich um Rahmen für Rennräder handelt. Die notwendige Stabilität und Steifheit erfordern einen optimalen Kompromiß zwischen Material, Wandstärke und Gestaltung der Rohre. Das Gewicht des Rahmens ergibt sich aus seiner Größe und dem Material, aus dem er angefertigt ist. Üblich sind Legierungen aus Chrom und Molybdän – aber es gibt auch sehr leichte Rahmen aus Aluminium, Titan oder Carbon-Kohlenstoff, besonders für sehr leichte Rennräder. Wissen sollte man jedoch, daß z. B. Aluminium-Rahmen zwar leichter, aber weniger »steif« sind. Die Gewichtsersparnis geht meistens beim Treten durch

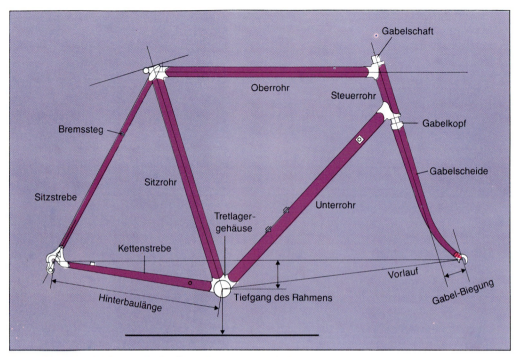

Oben: Der Fahrradrahmen mit der Bezeichnung seiner Teile.

Rechts: Rahmenhöhe: Messung entlang des Sitzrohres von der Mitte des Tretlagers zum oberen Rand der Sitzmuffe.

Größe und Qualität des Rahmens bestimmen den Charakter des gesamten Fahrrades.

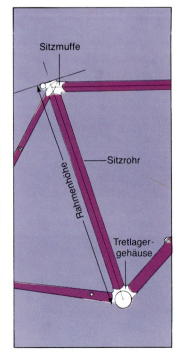

einen Energieverlust infolge von Ausweichbewegungen des weicheren Rahmens verloren. Daher sind solche »Aluminiumräder« eigentlich nur für kleinere Rahmen zu empfehlen. Normal große und große Erwachsene sollten besser den steiferen »normalen« Rahmen wählen, damit das Fahrrad insgesamt bei großem Krafteinsatz und bei Bergabfahrten nicht zu schwingen und zu flattern beginnt. Die Rahmenmaße, vor allem die Rahmenhöhe bestimmen die biomechanischen Verhältnisse, die freie Entfaltung der Kräfte auf seinem ganz individuellen Fahrrad. Eine falsche Sitzposition kann die optimale Leistungsentfaltung hemmen und sogar Beschwerden zur Folge haben, z. B. Rückenschmerzen, Muskelverkrampfungen, Sitzbeschwerden, Gelenkschmerzen und Sehnenreizungen. Daher sollte vor allem die Rahmenhöhe zur eigenen Körpergröße passen. Dafür gibt es Tabellen, die meistens auf der Rahmenhöhe für Rennräder beruhen. Man kann sich ihrer durchaus bedienen, wenn man beachtet, daß man für ein Alltags- oder Sportrad einen etwas größeren Rahmen, für ein Mountain-Bike einen etwas kleineren Rahmen verwenden sollte. Ein Beispiel: Ein Erwachsener von 180 cm Körpergröße soll laut Tabelle eine Rahmen-

Zusammenhang zwischen Körpergröße und Rahmenhöhe

Körpergröße (cm)	Rahmenhöhe (cm)
160–165	51–53
165–170	53–55
170–175	55–57
175–182	57–59
182–187	59–61
187–192	61–63

höhe von 57 bis 59 cm wählen. Bei einem Rennrad wird man eher zur Rahmenhöhe von 57 cm greifen, bei einem Tourenrad eher zu einer von 59 cm und bei einem Mountain-Bike wegen seiner besonderen Rahmengeometrie zu einer von 55 cm. Tüftler, die es noch genauer wissen wollen oder die die ausgesuchte Rahmenhöhe nochmals aus anderer Sicht überprüfen möchten, können auch folgende Berechnung anstellen: Die richtige Rahmenhöhe entspricht der Schrittlänge (barfuß) minus 25 cm. Für Rennräder errechnet man auch die Rahmenhöhe nach der Formel: Schrittlänge (barfuß) mal Faktor 0,66. Für unseren Zweck wollen wir diese Berechnungen aber nicht überbewerten, denn die pauschalen Rahmengrößen nach der Körpergröße reichen für unseren Zweck vollständig aus.

Lenkungssystem
Das Lenkungssystem dient der richtigen Beherrschung des Fahrrades und übt auch einen entscheidenden Einfluß auf die Sitzposition aus. Zum Lenkungssystem gehören die verschiedenen Lenkerformen sowie das sehr wichtige Lenkungslager (Steuersatz) und die Gabel mit Gabelkopf.

Lenkerformen
Es gibt sehr verschiedene Lenkerformen. Grundbedingung für den Gesundheitssportler ist die bequeme, möglichst aufrechte Sitzhaltung. Damit soll nicht gesagt sein, daß z. B. Radrennfahrer vornübergebeugt über den Rennlenker unbequem fahren. Auch sie suchen sich eine bequeme Sitzhaltung – aber sie sind trainiert, haben kein drückendes Bauchfett und atmen anders als der Durchschnittsbürger. Nicht umsonst gibt es die Be-

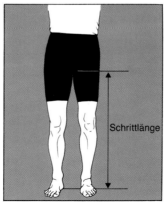

Wenn man von der Schrittlänge 15 cm abzieht, erhält man in etwa die richtige Rahmenhöhe.

Touren-Lenker

Mountain-Bike-Lenker

Rennrad-Lenker

Lenkervorbau

zeichnung »Gesundheitslenker«, der auch heute noch die beste Lenkerform für den durchschnittlichen Radfahrer ist, vor allem wenn er unter Wirbelsäulenbeschwerden leidet. Wichtig ist allein, daß der Lenker die richtige Stellung und Höhe hat (siehe auch Seite 76), damit man bequem auf dem Fahrrad sitzt und es im Gelände beim Kurvenfahren und beim Bergabfahren sicher beherrscht.

Die Lenkerbreite richtet sich nach der Schulterbreite. Beim Rennrad entspricht die Lenkerbreite der Schulterbreite, beim Touren-Sportrad kann der Lenker etwas breiter sein – und deutlich breiter ist er beim Mountain-Bike, um einen größeren Hebel bei der Kraftentfaltung im Gelände zu haben. Wichtig ist, daß die Lenkerenden durch Lenkerstopfen verschlossen

Zusammenhang zwischen Körpermaßen, Rahmenhöhe und Lenkerbreite

Fahrertyp	Rahmenhöhe (cm)	Lenkerbreite (cm)
Buben, Schüler	bis 51	36–38
kleine Fahrer	51–55	38–39
Normalgröße	56–58	39–40
sehr große Fahrer	59 und größer	40–43

Zusammenhang zwischen Rahmenhöhe und Länge des Lenkervorbaues

Vorbaulänge (cm)	Rahmenhöhe (cm)
8– 9	51–53
9–10	53–55
10–11	55–57
11–12	57–59
12–13	59–60

Lenkungslager (Steuersatz)

Fahrradgabel

sind oder daß sie über stabile Handgriffe verfügen. Manche Lenker – vor allem Sportlenker – haben einen sog. Vorbau. Sein Sinn besteht darin, die Fahrraddimensionen noch besser an die Körpermaße anzupassen. Daher ist die Länge des Vorbaues auf die Körpergröße bzw. Rahmenhöhe abzustimmen.
Der Lenker wird durch einen Klemmkonus im Steuerrohr des Rahmens mit dem Schaftrohr der Gabel verbunden. Das Schaftrohr der Gabel wird durch das Lenkungslager (Steuersatz) im Steuerrohr des Rahmens befestigt. Das Lenkungslager besteht aus einem System von Schraubringen, Kugelschalen, Konsen und Kugellagern, mit dem Zweck eine leichte und sichere Lenkung zu ermöglichen. Außerdem muß das Lenkungslager Stöße abfangen können, ohne daß dadurch die Lenkung beeinträchtigt ist. Sehr wichtig ist, daß das Lenkungslager

Gabelkopf

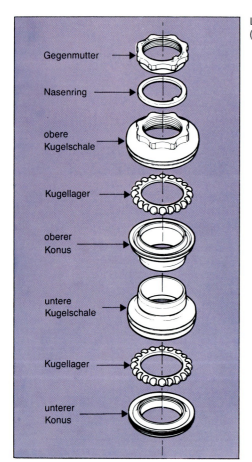

Lenkungslager (Steuersatz)
- Gegenmutter
- Nasenring
- obere Kugelschale
- Kugellager
- oberer Konus
- untere Kugelschale
- Kugellager
- unterer Konus

gut gegen Nässe und Schmutz abgedichtet ist. Die richtige Einstellung des Lenkungslagers sollte schon beim Kauf geprüft werden: Es darf weder zu locker, noch zu streng eingestellt sein. Am besten ist die Einstellung dann, wenn die Lenker und Gabel so gut wie kein Spiel aufweisen, sich aber trotzdem leicht drehen lassen. Zur Prüfung sollte man das Fahrrad mit dem Vorderrad auf dem Boden abfedern lassen. Es darf dann kein Klappergeräusch im Lenkungslager hörbar sein. Sowohl eine zu feste als auch eine zu lockere Einstellung gefährdet die Sicherheit und begünstigt frühzeitigen Verschleiß an Kugellagern, Lagerschalen und Konusringen. Da gerade die Einstellung des Lenkungslagers (Steuersatzes) Gefühls- und Erfahrungssache ist, sollte sie von einem Fachmann vorgenommen werden.

Gabel mit Gabelkopf
Meistens wird die Gabel als Teil des Rahmens angesehen, gehört aber funktionell zum Steuersystem. Sie besteht aus Gabelschaft, Gabelkopf und Gabelscheiden. Wenn man bedenkt, welchen Stößen und Gewalteinwirkungen die Gabel mit ihren relativ dünnen Rohren ausgesetzt ist, kann man sich vorstellen, wie qualitativ hochwertig ihre Verarbeitung sein muß. Vor allem der Gabelkopf, der die größten Kräfte auffängt, muß äußerst präzise und stabil gearbeitet sein. Gleichzeitig muß er genau in den unteren Konusring des Lenkungslagers passen. Der Querschnitt der Gabelschneiden ist oben oval, um Straßenunregelmäßigkeiten besser abfangen zu können.
Ein Maß für die Federungseigenschaften einer Gabel ist ihre Durchbiegung nach vorne – fachmännisch Gabelvorlauf genannt. Die Durchbiegung der Gabel (meistens 4 bis 6 cm) und ihre Neigung im Steuerrohr bestimmen entscheidend das Fahrverhalten des ganzen Fahrrades: Je steiler die Gabel steht und je geringer die Gabelbiegung ist, desto direkter werden Straßenstöße auf den Lenker übertragen. Je schräger der Steuerrohrwinkel und je größer die Gabelbiegung, desto besser die Federungseigenschaften.

Das Antriebssystem
Verfolgen wir gedanklich einmal die Stationen am Rad, an denen unsere Körperkraft wirkt, bis sie als Resultat zu einer Fortbewegung auf dem Fahrrad führt. Der zuerst übertragende Körperteil sind unsere Fußballen. Von dort wird die Kraft auf die Pedale, Pedalachsen, Tretkurbeln, Tretlager und Kettenblätter übertragen. Dann geht der Weg weiter über die Kette auf den hinteren Zahnkranz, der dann die Kraft über Nabe, Speichen, Felgen und Reifen an den Bodenbelag der Straße weitergibt – und denn erst bewegen wir uns samt Fahrrad vorwärts.

Antriebssystem mit Tretlager, Kettenblättern, Tretkurbel, Pedalen, Kettenschaltung, Kette und Kettenschutz.

Die **Pedale** können aus Stahl, Dur-Aluminium oder – beim Rennrad – auch aus Titan bestehen. Wichtig ist, daß man mit den Schuhen einen festen Halt auf ihnen hat, ohne abzurutschen. Aus verkehrstechnischen Gründen sollten Pedale auch Rückstrahler haben. Bei Rennrädern – und manchmal auch bei Sporträdern – gibt es Pedalhaken, die den Fuß fest mit dem Pedal verbinden sollen. Das ist bei Rennradfahrern günstig und üblich, um eine maximale Kraftübertragung zu ermöglichen. – Aber beim Gelegenheits-Radfahrer kann der Haken sehr nachteilig sein. Gefährlich wird es nämlich dann, wenn man den Fuß schnell absetzen muß, z. B. wenn man vor einer Ampel halten muß und diese feste Verbindung mit dem Pedal vergißt, so hat es schon öfter Stürze gegeben. Pedalhaken und Pedalriemen sind für den normalen Radfahrer deswegen nicht unbedingt zu empfehlen.

Tretlager, Tretkurbeln und Kettenblätter
Sie bilden zusammen eine Einheit. Das Tretlager, meist aus Duraluminium, wird im Tretlagergehäuse des Rahmens durch zwei Tretlagerschalen mit Kugelringen befestigt. Es muß gut gegen Nässe und Schmutz abgedichtet sein und sollte so eingestellt werden, daß es kein seitliches Spiel hat und trotzdem leicht läuft. Die gute Einstellung des Tretlagers sollte man schon beim Kauf des Fahrrades prüfen; denn sie ist ein wichtiges Qualitätsmerkmal. Dazu faßt man die Tretkurbeln an ihren Enden und versucht, sie gegeneinander zu bewegen. Die Länge der Tretkurbeln wird von der Tretlagermitte bis zur Mitte der Pedalachse gemessen. Wer in der Schule die Hebelgesetze gelernt hat, könnte meinen: Je länger die Tretkurbeln, desto besser, weil der notwendige Krafteinsatz geringer wird. Das stimmt auch – aber je länger die Tretkurbeln, desto länger wird auch der Umkreis, in dem sie bewegt werden müssen. Hier gibt es ein ganz bestimmtes optimales Verhältnis zwischen Hebelgesetzen und dem Weg der Pedalumdrehung. Es ist das Ergebnis praktischer Erfahrungen, daß die Tretkurbellängen

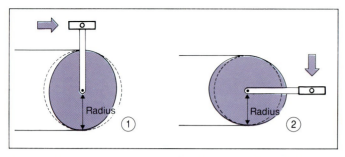

Asymmetrisches (sog. »ovales«) Kettenblatt: ① Größerer Radius und damit größerer Hebelarm am oberen und unteren toten Punkt der Pedalumdrehung. ② Kleinerer Radius und damit kürzerer Hebelarm in vorderer Horizontalstellung der Tretkurbel.

zwischen 170 und 175 mm liegen. Die durchschnittliche Tretkurbellänge bei Rennrädern ist 172,5 mm. An den fünf Streben der rechten Tretkurbel sind meist ein oder zwei Kettenblätter (Kettenräder) befestigt, ein großes außen und bei sportlichen Rädern noch ein kleines innen. Die Größe der Kettenblätter richtet sich nach der Fahrradgröße (Zollzahl der Laufräder) sowie nach dem Zweck des Fahrrades (siehe Seite 81). An dieser Stelle ein Wort zu den sog. »ovalen« oder asymmetrischen Kettenblättern (z. B. Modell Biopace): Ihrer Entwicklung liegt die Beobachtung zugrunde, daß man am oberen und unteren toten Punkt der Pedalumdrehung die geringste und in waagerechter Stellung der Tretkurbeln die größte Krafteinwirkung hat. Es lag daher nahe, den Hebel – also den Radius – des Kettenblattes bei waagrechter Pedalstellung zu verkleinern und bei senkrechter zu vergrößern. Durch Computeranalyse der Tretbewegung und Tretkraft kann man ein Kettenblatt mit den optimalen Hebelwirkungen errechnen. Auch die Höhe der Zähne kann man an die Kraftbelastung anpassen. Obwohl dem Autor keine Messungen bekannt sind, daß dadurch eine Leistungsverbesserung – sprich geringere Sauerstoffaufnahme bei vergleichbaren Leistungen – möglich wird, scheint man subjektiv bei mittlerer Tretgeschwindigkeit leichter zu treten. Zumindest gibt es diese asymmetrischen Kettenblätter vor allem bei Mountain-Bikes und bei Triathlon-Rennrädern. Die echten Radprofis, die bei einer hohen Tretgeschwindigkeit einen optimalen runden Tritt ausüben, sind bei ihren runden Kettenblättern geblieben, weil sie in ovalen Kettenblättern keine zusätzliche Vorteile sahen.

Zahnkranz
Die Gestaltung des Zahnkranzes am Hinterrad hängt davon ab, ob es eine Schaltung hat oder nicht. Ein normales Tourenrad ohne Schaltung, das es heute schon fast nicht mehr gibt, hat nur einen einzigen Zahnkranz oder besser gesagt: ein einziges Ritzel. Auch Fahrräder mit Nabenschaltung haben nur ein Ritzel. Da sich aber wegen ihrer Einfachheit und Zweckmäßigkeit die Kettenschaltung auch bei sportlichen Tourenrädern durchgesetzt hat, wollen wir einen solchen Zahnkranz beschreiben. Er besteht aus Zahnkranzkörper und Zahnkränzen verschiedener Größe, die man auch Ritzel nennt. Der Zahnkranz wird meistens auf die Hinterradnabe geschraubt. Je nach Zahl der Ritzel kann man 5fach-, 6fach- und sogar 7fach-Zahnkränze unterscheiden. Wichtig ist, daß zwischen den Speichen und dem Zahnkranz mindestens ein Abstand von 4 mm besteht. Je nach Größe des Fahrrades (Zollzahl der Laufräder) und Verwendungszweck gibt es verschiedene Zahnkranzabstufungen.

Kette
Die Kette verbindet die vorderen Kettenblätter mit dem hinteren Zahnkranz. Die Kette für Kettenschaltung ist etwa 1,4 m lang, 7,3 bis

Aufschraubbarer Zahnkranz

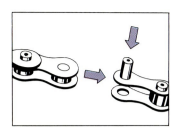

Zusammenfügen (zusammennieten) der Kettenglieder

Siebenfachzahnkranz mit Speichenschutz

Ketten für Kettenschaltung

Dreifachkettenblatt mit Kettenschutz

7,8 mm breit und besteht aus durchschnittlich 108 Kettengliedern. Die einzelnen Kettenglieder bestehen aus je zwei Bolzen oder Nieten mit Hülsen und Rollen sowie aus Außen- und Innenlaschen. Die richtige Kettenlänge erhält man, wenn man die Kette auf das (große) vordere Kettenblatt und auf den mittleren Zahnkranz hinten auflegt: Sie soll dann straff, aber nicht zu stark gespannt sein. Durch die Krafteinwirkung beim Treten dehnt sich allmählich auch ein so starkes Gebilde wie eine Kette. Sie wird im Laufe der Zeit länger. Dann passen die Kettenglieder nicht mehr genau in die Zahnkranzmulden, so daß bei gelängter Kette die Ritzel des Zahnkranzes abgenutzt werden. Eine abgenutzte, »gelängte« Kette kann man durch den Abhebetest erkennen: Wenn man durch Zug an der Kette diese vom Kettenblatt soweit abheben kann (mehr als 2 bis 3 mm), daß die Zähne sichtbar werden, sollte man die Kette wechseln. Das kann, je nach Krafteinsatz, nach 1000 bis 2000 km der Fall sein. Wartet man damit

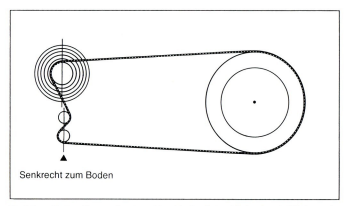

Senkrecht zum Boden

Richtige Kettenlänge: Senkrechter Verlauf der Linie durch Hinterradachse und beide Rollenachsen der Schaltung bei der größten Übersetzung (vorne großes Kettenblatt, hinten kleinstes Ritzel). Anschließend Prüfung der richtigen Kettenlänge durch Schalten aller Gänge.

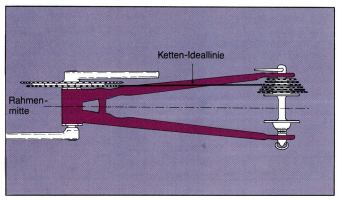

Ketten-Ideallinie

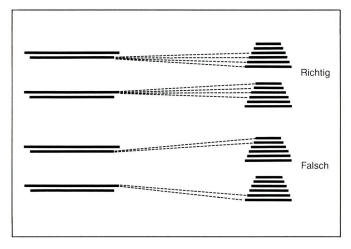

Richtige und falsche Kettenlinien

zu lange, ist der Zahnkranz inzwischen so abgenutzt, daß dann die neue Kette nicht mehr auf diesen Zahnkranz paßt, so daß man dann oftmals auch einen neuen Zahnkranz braucht. Daher die Kette lieber etwas häufiger wechseln als zu selten.

Ein wichtiges Kriterium ist noch die **Kettenlinie.** Die ideale Kettenlinie verläuft parallel zur Rahmenmitte. Je mehr die Kette von dieser Ideallinie abweicht, desto mehr Leistung geht durch seitliche Reibung der Kette verloren. Das sollte man beim Schalten berücksichtigen. Wenn man über einen 6fach-Zahnkranz verfügt und vorne über zwei Kettenblätter, kann man theoretisch zwölf Gänge ($2 \times 6 = 12$) schalten – praktisch wird man jedoch Extremstellung der Kette vermeiden, weil sie zu schräg läuft. Mit dem großen vorderen Kettenblatt fährt man am besten nur die vier äußern Ritzel, mit dem vorderen kleinen Kettenblatt nur die vier inneren Ritzel. Dadurch verfügt man effektiv »nur« über acht Gänge – aber das genügt vollkommen. Für Trainingsfahrten in normalem Gelände reichen oft sogar zwei oder drei Gänge aus (siehe auch Seite 81).

Schaltung

Noch ein paar Worte zu der Schaltung: Das Schaltungssystem besteht aus der Kettenradschaltung vorne (Umwerfer oder Überwerfer), dem hinteren Schaltwerk für den Zahnkranz sowie den Schalthebeln mit den Schaltkabeln. Sollte man vorne ein doppeltes Kettenblatt montiert haben, wechselt dort der sog. Umwerfer (Überwerfer) die Kette vom großen auf das kleine Kettenblatt und umgekehrt. Meistens kann man bis zu zwölf Zähnen Unterschied bei den Kettenblättern noch einwandfrei mit dem Umwerfer überbrücken. Das hintere Schaltwerk führt die Kette über einen beweglichen Schaltarm von Ritzel zu Ritzel. Für die einwandfreie Funktion sollte man bei diesem Schaltwerk auf besondere Qualität achten, damit ein einwandfreier Schaltvorgang möglich ist.
Während bei einer Nabenschaltung die exakte Justierung wichtig ist, kann man bei der üblichen Ketten-

Modernste Rasterschaltung mit Schutzvorrichtungen

Schalthebel für Rasterschalter am Lenker

Schalthebel einer Rasterschaltung mit Befestigung am Rahmen

Nabenschaltung

schaltung durch den Schaltgriff nachkorrigieren, wenn die Kette nicht genau auf dem Ritzel läuft. Dabei ist das Schalten Übungssache. Für weniger Geübte gibt es moderne Raster-Schaltungen auch für Kettenschaltungen, die sog. Positionierungsschaltung. Für das einwandfreie Funktionieren ist Voraussetzung, daß das Kettenführungsrädchen im Schaltwerk praktisch spielfrei läuft, ein wichtiges Qualitätsmerkmal des Schaltwerkes.

Die **Schalthebel** werden meistens im Unterrohr des Rahmens befestigt. Bei Mountain-Bikes sind sie – ähnlich wie bei den Rädern mit Nabenschaltung – rechts und links am Lenker befestigt. Auch bei modernen Touren- und Sporträdern gibt es diese Möglichkeit. Man kann dann Schalten, ohne die Hand vom Lenker nehmen zu müssen.

Laufrad
Die Laufräder bestehen aus Felgen, Speichen, Naben und Reifen. Sie sollen leicht und rund laufen, ohne Abweichung nach der Seite (»Seitenschlag«) und nach der Höhe (»Höhenschlag«). Eine **Felge** für Drahtreifen weist im Querschnitt ein sog. »Hornprofil« auf, damit der Mantel des Drahtreifens genügend Halt besitzt. Die Breite der Felgen richtet sich nach der Breite und

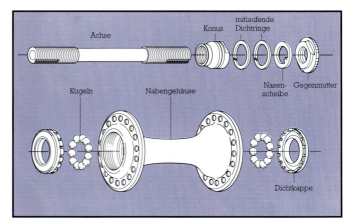

Aufbau einer Vorderradnabe

Größe der Reifen bzw. nach dem Radtyps. Wichtig bei den Felgen ist auch eine genügend große Auflagefläche für die Bremsklötze der Felgenbremsen. Sportliche Felgen sind meist etwa 22 mm breit.

Das Kernstück des Laufrades ist die **Nabe.** Auf sie wirken die größten Kräfte. Daher sollten sie qualitativ sehr hochwertig sein. Den Rand der Nabe, in dem die Speichen befestigt sind, bezeichnet man als »Flansch«.

Da, wie der Name sagt, ein Laufrad gut laufen soll, sollte es möglichst leicht, aber es muß auch sehr stabil sein, damit es die einwirkenden Kräfte aushält. Schwachpunkte sind dabei die **Speichen,** besonders auf der rechten Flanschseite des Hinterrades, da dort vom Zahnkranz her die größten Kräfte einwirken. Wenn Speichen zu Bruch gehen, reißen sie auch meistens dort. Das Einspeichen eines Laufrades ist eine Kunst, die nicht viele Fach-

Die Nabe eines Vorder- und eines Hinterrades mit Siebenfachzahnkranz und Schnellspannvorrichtung

Verschiedene Felgenformen

Reifenprofile für unwegsames Gelände

Rechts: Aufbau eines sog. Drahtreifens:
① Decke oder Protektor
② Karkasse
③ Wülste (mit Einlage aus Draht oder Kunststoff)

Zusammengefalteter Draht-Reservereifen

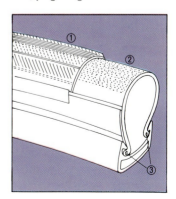

leute beherrschen. Dabei werden die Speichen 3- oder 4fach gekreuzt – und alle sollen die gleiche Spannung aufweisen. Bei Rennrädern sollen neu eingespeichte Laufräder etwa 100 km gefahren werden, damit sich der Nippel setzen können. Danach sollten sie nachgespannt werden. Bei den **Reifen** gibt es je nach Verwendungszweck verschiedene Modelle. Sie wirken sich auf den Rollwiderstand und den Federungskomfort aus. Üblich sind die sog. Drahtreifen, die für sportliche Fahrräder zu schmalen Hochdruckreifen weiterentwickelt wurden. Der »Draht«, der manchmal auch aus Kunststoff bestehen kann, verstärkt den Wulst, der im »Horn« der Felge Halt findet. Die »Drahtreifen ohne Draht«, bei denen dieser durch Kunststoff-Aramid-Fasern ersetzt wurde, kann man falten und als Ersatzreifen mitnehmen.
Ein Reifen rollt um so besser, je geringer sein **Roll-**

Naturerlebnis in Nepal mit dem Mountain-Bike

widerstand ist. Wissenschaftliche Tests haben ergeben, daß der Rollwiderstand bei allen Reifen mit gleichem Luftdruck annäherend gleich ist. Entscheidend für den Rollwiderstand ist also der Reifendruck.

Die **Rollreibungskraft** hängt von folgenden Faktoren ab:
- Gewicht des Radfahrers plus Fahrrad (Normalkraft (F_N))
- Radius r bzw. Durchmesser der Laufräder (Durchmesser = Zr)
- Größe der Auflagefläche des Reifens auf der Fahrbahn. Dabei nennt man den Abstand des tatsächlichen ersten Anfangsauflagepunktes auf der Fahrbahn bis zur Senkrechten des Radmittelpunktes den Rollreibungskoeffizienten F.

Daraus folgt, daß die Rollreibungskraft F_R am kleinsten ist, wenn
- das Gesamtgewicht von Radfahrer und Fahrrad möglichst gering ist
- die Auflagefläche des Reifens (f) möglichst klein wird
- der Durchmesser des Laufrades (bzw. Radius) möglichst groß ausfällt.

Daher fahren sich 28-Zoll-Räder mit schmalen Reifen leichter als 26-Zoll-Räder mit dicken Ballonreifen. Umgekehrt kann ein gering aufgepumpter schmaler Reifen wegen der dann größeren Auflagefläche schlechter laufen als ein gut aufgepumpter breiterer Reifen. Man muß also einen Kompromiß eingehen, je nachdem, was man möchte, mehr Tempo und Schnelligkeit ohne Federungskomfort – dann bevorzugt man schmale Drahtreifen mit hohem Reifendruck (5 bis 7 bar). Wenn man mehr Wert auf Federungskomfort legt, dann wird man etwas großvolumigere Reifen mit mittlerem Reifendruck (4 bis 5 bar) benützen. Insgesamt jedoch hat der Rollwiderstand der Laufräder nur einen relativ geringen Anteil am Gesamtwiderstand beim Fahrradfahren. Prozentual stärker wirkt sich der Luftwiderstand bei zunehmender Geschwindigkeit aus.

Das Bremssystem

Die Bremsen sind mit die wichtigsten Fahrradteile für die eigene Sicherheit. Immerhin erreicht man bei Bergabfahrten Geschwindigkeiten von über 50 km/h, aber auch ein Auffahrunfall mit 20 km/h ist gefährlich. Daher ist gerade die Qualität und Wirksamkeit der Bremsen von großer Bedeutung. Das Erstaunliche jedoch ist, daß bisher die Qualität des Bremssystems bei Gebrauchsfahrrädern ein sehr häufiger Schwachpunkt ist. Allein die Qualität der Bremsen ist oft der Grund dafür, sich einem Mountain-Bike oder Rennrad zuzuwenden, weil man es einfach überdrüssig ist, sich mit schlecht einstellbaren Bremsen bei seinem normalen Tourenrad herumzuplagen. Das muß aber nicht sein. Es ist sogar gesetzwidrig, weil im Straßenverkehr für alle Fahrzeuge bestimmte Richtwerte für Bremswege vorgeschrieben sind. Nach der gültigen Norm darf der Bremsweg bei trockener Witterung und einer Geschwindigkeit von 25 km/h nicht länger als 5,5 m sein. Von den Fahrradherstellern wird jedoch nur ein Richtwert von 7,8 m angestrebt, bei Nässe von 13 m. Das liegt weit unter

High-Tech-Felgenbremse – durchgestylt bis ins Detail

der vorgeschriebenen Norm. Mit dem Rennrad dagegen, das über qualitativ hochwertige Felgenbremsen verfügt, kommt man dagegen auch bei 40 km/h innerhalb weniger Meter zum Stehen. Das sollte auch das Ziel von normalen Gebrauchsrädern sein.

Vorgeschrieben sind zwei voneinander unabhängig funktionierende Bremsen. Dabei ist die Hauptbremse oft eine **Rücktrittbremse** am Hinterrad sowie eine mehr oder minder schwach funktionierende **Handbremse** am Vorderrad. Diese Ausstattung genügt meistens im normalen Straßenverkehr. Aber schon wenn man längere Touren mit Bergabfahrten unternimmt, vielleicht sogar mit Gepäck, sind diese Bremsen überfordert: Die Rücktrittbremse wird heiß und verliert an Wirksamkeit. Bessere Bremsen sind Trommelbremsen und vor allem die im Radsport bewährten Felgenbremsen. **Trommelbremsen** sind sehr wirksame Bremsen, die auch gegen Nässe unempfindlich sind – aber bei längeren Bergabfahrten werden auch sie heiß und beginnen, zu »kochen«, da durch die Reibungswärme das Lagerfett verraucht. Trotzdem sind Trommelbremsen im normalen Gelände sehr zweckmäßige Bremsen. Verschiedene Fahrradteile sollten

Trommelbremse

Seitenzug-Felgenbremse

Mittelzug-Cantilever-Bremse

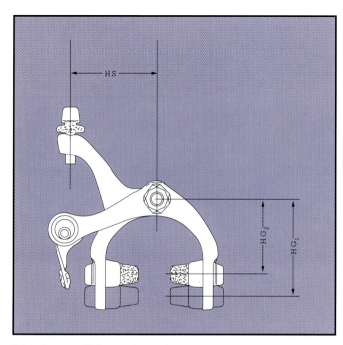

Felgenbremse (Seitenzugbremse)

verstärkt sein, wenn Trommelbremsen eingebaut sind, so müssen z.B. die Speichen verstärkt sein. Oft werden sogar statt der normalen 36 Speichen pro Laufrad 40 oder gar 48 Speichen verwendet. Außerdem muß die Gabel verstärkt werden, damit sie sich nicht bei heftigen Bremsmanövern verbiegt. Man sieht: die Wirksamkeit der Trommelbremsen ist sehr hoch.
Wegen ihrer Einfachheit werden aber die im Radsport bewährten Felgenbremsen auch auf die normalen Gebrauchsräder übernommen. Man unterscheidet **Seitenzug- und Mittelzugbremsen.** Sie arbeiten nach dem Hebelprinzip. Ihre Wirksamkeit ist um so größer, je größer das Verhältnis des Hebelarms am Bowdenzug zum Hebelarm an den Bremsschuhen ist. Wegen der beim Gebrauchsrad vorhandenen Schutzbleche können diese Bremsschuh-Hebelarme oft nicht kurz genug konstruiert werden, so daß man beim Gebrauchsrad eher zur Mittelzugbremse neigt. Eine weitere Möglichkeit ist die sog. **Cantilever-Bremse,** die vom Rennrad der Querfeldeinfahrer stammt und die man auch bei den Mountain-Bikes findet. Dabei sind die Drehpunkte der Mittelzugbremse fest auf den Rahmen gelötet. Die Cantilever-Bremse entspricht einer Mittelzugbremse mit vergrößerten, aber umgekehrten Hebeln. Wichtig ist die richtige Einstellung der Bremsgummis in den Bremsschuhen, die bei angezogener Bremse mit der ganzen Fläche der Felge anliegen sollen. Die Bremsschuhe müssen in Fahrtrichtung geschlossen sein. Bei nicht angezogener Bremse sollen die Bremsgummis einen Abstand von 2–3 mm zur Felge haben. Die **Bremsgriffe** sollen so am Lenker befestigt sein, daß man sie ohne Schwierigkeiten betätigen kann. Der Bremsgriff soll bei voll angezogener Bremse nicht den Lenker berühren können – ansonsten sind die Bremsen zu schwach eingestellt. Die stärkere Kraft sollte auf die Bremse des Hinterrades einwirken. Daher wird bei Rechtshändern der Bremsgriff für die hintere Bremse rechts am

Bremsschuh-Montage: Der Bremsschuh muß in Fahrtrichtung immer geschlossen sein!

Bremsgriff eines Touren-Sportrades

Bremsgriff eines Mountain-Bikes

Lenker befestigt. Dies ist auch die Bremse, die man bei Bremsmanövern zuerst betätigen sollte. Es gibt immer wieder Fälle, in denen man die (linke) vordere Felgenbremse zuerst oder allein betätigt, wobei es dann zu einem Sturz über den Lenker kommt. Vor jeder Ausfahrt sollte man die Bremsen kontrollieren und sie regelmäßig warten:
- Qualität der Bremsgummis und ihre Einstellung prüfen
- Bowdenzüge prüfen und alle vier Wochen mit einigen Tropfen Öl versorgen
- richtige Einstellung vor allem der Hinterradbremse durch Betätigung des Bremsgriffes prüfen.

Sattel- und Sattelstütze
Oft wird man von den schmalen und harten Sätteln der Rennräder abgeschreckt, weil man schon bei dem Gedanken daran, man müssen darauf sitzen, Sitzbeschwerden bekommt. Wenn im Profisport durchwegs die sportlich schmalen Sättel verwendet werden, müssen sie sich bewährt haben, sonst würden die Rennfahrer sie nicht benutzen. Bewährt heißt aber auch: Geeignet für Profis, die das lange Sitzen auf dem Fahrrad gewohnt sind. Für den Anfang ist jedoch ein bequemerer Sattel notwendig, um die langsame Anpassung an das Sitzen auf dem Sattel zu gewährleisten. Daher ist ein breiterer und weicher Sattel anfangs zweckmäßig und empfehlenswert. Darauf sollte man achten, wenn man beginnt. Der Sattel trägt das ganze Körpergewicht, und der Druck pro Sitzflächeneinheit ist um so größer, je kleiner die Sitzfläche ist. Trotzdem sitzt man auch im normalen Alltag nicht auf dem gesamten Gesäß, sondern überwiegend auf den Sitzknochen des Beckens. Hier treten auch die ersten, allerdings harmlosen, Beschwerden beim Radfahren auf. Sie nehmen aber bei jeder weiteren Ausfahrt ab. Ein breiter, weicher Sattel ist zwar bequem, aber nimmt beim Tretvorgang Kräfte auf, die der Leistungsentfaltung verlorengehen. Außerdem verhindert ein zu breiter Sattel die enge, stilistisch einwandfreie Beinführung am Rahmen. Aus diesen Gründen wird man mit zunehmendem Trainingszustand auch einen zunehmend schmaleren Sattel bevorzugen.

Der früher bewährte **Ledersattel** ist auch heute noch beliebt. Jedoch fällt er meist ziemlich hart aus und muß zunächst mit Lederfett präpariert und durch Gebrauch »eingeritten« werden. Ledersättel werden auch von Globetrottern bevor-

Ledersattel mit Kupfernieten

Weicher, etwas breiterer Sattel

Spezieller Damensattel

zugt, die lange Radfernfahrten unternehmen und nicht durch einen sich auflösenden Kunststoffsattel daran gehindert werden wollen. Meistens werden jedoch Kunststoffsättel verwendet, die mit Schaumstoff gepolstert und mit Glatt-, Wild- oder Büffelleder überzogen sind. Ihr Vorteil liegt auch darin, daß sie keine Pflege benötigen. Die verschiedenen Sattelformen muß man selbst testen. Vor allem gibt es auch für Damen besondere Sattelformen.

Der Sattel ist an der **Sattelstütze** befestigt, die mindestens 6 cm in das Sattelrohr hineinragen muß. Der Sattel muß sowohl in der Höhe als auch in der Neigung stufenlos verstellbar sein.

Schutzbleche
Wenn auch Radprofis auf Schutzbleche verzichten, gehören diese jedoch zur Ausrüstung eines jeden Gebrauchsrades. Der Schutz gegen Nässe und Schmutz gehört zum Komfort. Außerdem sollen Schutzbleche mit Seitenschutz bei Frauen verhindern, daß im Wind flatternde Kleider in die Speichen geraten. Auch bei den Schutzblechen sollte man auf Qualität achten. Sie sollten fest und klappersicher befestigt sein. Schutzbleche können aus Edelstahl, Aluminium oder Kunststoff bestehen. Edelstahl ist am stabilsten, Aluminium läßt sich auch durch einen kräftigen Daumendruck wieder ausbeulen – und Kunststoff klappert am wenigsten. An Aluminiumblechen lösen sich nach einiger Zeit oft die Nieten für die Strebenhalter, was sich durch deutliches Klappern bemerkbar macht. Wichtig ist, daß Schutzbleche 1 cm breiter als die Reifen sind. Nur so kann das Wasser bei strömendem Regen ausreichend aufgefangen werden. Gegen das weit verbreitete Klappern der Schutzbleche schützt man sich, indem man alle entsprechenden Schrauben anzieht und sie dann durch ein Tröpfchen Sekundenkleber in diesem Zustand fixiert.

Weiterhin sind **Kettenschutzbleche** zu empfehlen, vor allem wenn man mit Straßenkleidung fährt. Kettenschutzbleche verhindern, daß Kleidungsstücke zwischen Kette und Kettenblatt hineingezogen werden, wodurch es sogar zu Stürzen kommen kann.

Beleuchtung
Trotz aller technischen Fortschritte ist das Licht am Rad auch heute noch ein finsteres Kapitel. Bei den meisten Fahrrädern funktioniert irgend etwas an der Lichtanlage nicht. Außerdem ist oft die Leuchtkraft völlig ungenügend. Vor allem bei langsamen Tempo reichen die 2,4 Watt normaler Fahrradscheinwerfer nicht aus.

Scheinwerfer
Man sollte in der heutigen Zeit auch beim Fahrrad **Halogen-Scheinwerfer** zur Norm erheben. Sie können an verschiedenen Stellen befestigt werden: Am Bremsbolzen über der Vorderradbremse, vorn auf dem Schutzblech, am Vorbauschaft oder an der Klemmschraube des Lenkers. Alle diese Befestigungsstellen sind empfehlenswert, am ehesten die erstgenannte. Nicht ratsam ist es, die Lampe an einer der Gabelscheiden anzubringen, weil dort meistens der Lichtkegel zu tief liegt und beim Umfallen des Fahrrades die Lampe beschädigt werden kann.

Lichtanlage mit Leuchtstrahler

Rückleuchte und Rückstrahler

Ein Schwachpunkt ist die Befestigung des Rücklichtes. Die Standardbefestigung am hintersten Ende des Schutzbleches ist so unsicher, daß man schon beim ersten Umdrehen des Fahrrades Rücklichtkappe und Birnchen den Garaus machen kann. Deswegen fährt auch ein rundes Viertel aller Fahrräder ohne die warnende rote Kunststoffhaube durch die Gegend. Ein besserer Platz für das Rücklicht wäre der Raum zwischen Gepäckträger und Schutzblech. Dort sitzt zwar schon der Reflektor, die Lichtquelle selbst darf aber nach der geltenden Straßenverkehrszulassungsordnung (StVZO) nicht dort befestigt sein, weil die Lichtquelle dort 5 bis 10 cm zu hoch angebracht wäre. Trotzdem sei der Hinweis auf diese Möglichkeit gestattet. Eine weitere

Lichtanlage mit Akkubetrieb

Befestigungsmöglichkeit ist die an den Lötösen für den Gepäckträger. Auf jeden Fall ist das Rücklicht am hintersten Ende des Schutzbleches gefährdet und sollte deswegen besonders stabil gefertigt und zusätzlich gesichert sein. Empfehlenswert sind Rücklichter mit Spiegeloptik, die dann auch exakt nach hinten ausgerichtet werden muß. Bisher gibt es noch keine Halogen-Birnchen unter 2 Watt Leistung für das Rücklicht. Zweimal 2,4 Watt würde aber der Dynamo nicht schaffen. Daher bleibt es vorläufig noch bei der Standardbestückung einer 2,4-Watt-Halogen-Birne vorne und einer 0,6-Watt-Birne hinten, wobei die Spiegeloptik das vom Birnchen erzeugte Licht so gut nach hinten wirft, daß es von anderen Verkehrsteilnehmern auch aus größerer Entfernung gut gesehen werden kann.

Dynamo
Der Stromerzeuger am Fahrrad ist der Dynamo, der auf eine Geschichte von etwa 100 Jahren zurückblicken kann. Er bringt etwa 3 Watt Leistung, bei höheren Geschwindigkeiten manchmal etwas mehr, so daß die für 3 Watt Gesamtleistung konstruierten Birnchen durchbrennen können. Der Dynamo wird in der Regel durch die Seitenflanke der Reifen angetrieben.

Dynamo mit Antrieb durch die Seitenfläche eines Hinterradreifens.

Nachteilig ist, daß sie hier leicht abrutschen können. Pfiffige Radfahrer erhöhen den Andruck des Dynamos, indem sie einen Einweckgummi vom unteren Teil des Dynamos zum Lenker spannen. Wegen dieses Schwachpunktes wurden sog. Rollendynamos entwickelt, die von der Reifenoberfläche, dem sog. Protektor, angetrieben werden. Rollendynamos werden meist zwischen unterem Unterbausteg und Tretlagergehäuse eingebaut oder manchmal am hinteren Bremssteg, wofür jedoch das Schutzblech an dieser Stelle geöffnet werden muß. Da beide Dynamo-Typen bei nassem Wetter durchrutschen können, hat man sog. Nabendynamos entwickelt, die in die (Vorderrad-)Nabe eingearbeitet oder über ein Zahnrad am Nabenflansch angetrieben werden. Aber auch hier ist die ideale Lösung noch

nicht gefunden. Es gibt auch batteriebetriebene vordere und hintere Lichtquellen, die jedoch allein nicht den Vorschriften entsprechen, weil diese einen eigenen Stromerzeuger am Fahrrad fordern. Zusätzlich zum Dynamo können jedoch akkubetriebene Lichtquellen angebracht werden, die den Dynamo mit einer Pufferfunktion ergänzen. Dabei hält der Akku die Lichtleistung nicht nur bei langsamer Fahrt konstant, sondern speichert die oberhalb von 20 km/h anfallende überschüssige Energie. Diese Lösung scheint zur Zeit optimal zu sein und bietet eine wichtige Sicherheitsreserve. Wenn das Licht einmal nicht funktioniert, sollte man an folgende Störmöglichkeiten denken: Durchgebrannte Birnchen (Ersatzbirnchen mitnehmen), Kurzschluß (Isolierung der Lichtkabel überprüfen), Kabelbruch (Kabel abtasten, Anschluß an Lichtkontakte prüfen), Kontaktschwierigkeiten (z. B. durch Rost). Wissen sollte man auch, daß nachts ein Radfahrer zuerst über Pedalrückstrahler und Speichenreflektoren erkannt wird – nicht über seine Lichtquellen. Die zweimal 60 Watt der Autoscheinwerfer bringen den Reflektor am Rücklicht zu einem stärkeren Leuchten als das 0,6-Watt-Birnchen in der Rückleuchte.

Das Clean-Tech-Öko-Fahrrad

Das Fahrrad ist umweltbezogen eines der saubersten Fortbewegungsmittel. Daher hat es ganz von selbst einen ökologischen Touch. So ist es nur logisch, daß man auch daran denkt, bei der Herstellung dieses umweltfreundlichen Gerätes ökologische Gesichtspunkte walten zu lassen. Auf diese Weise kann das Produkt »Fahrrad« sowohl in der Verwendung als auch in der Herstellung beispielgebend für andere Produkte unseres täglichen Lebens sein. Zunächst mag dieser Gesichtspunkt verblüffen – aber er ist ganz einfach und sogar vorteilhaft, weil es auf diese Weise gewissermaßen als Nebeneffekt auch zu einer Qualitätsverbesserung des gesamten Fahrrades kommt.

Folgende **Grundsätze** gelten **bei der Herstellung** dieses Clean-Tech-Fahrrades:

- Langlebigkeit und Stabilität: Um unnötigen Schrott und Müll zu vermeiden, sollen prinzipiell kurzlebige Einmal- und Wegwerfprodukte vermieden werden.
- Gebrauchstüchtigkeit und Fahrsicherheit: Nur ein optimal gebrauchstüchtiges und sicheres Fahrrad kann eine wirkliche Alternative zum Auto darstellen, vor allem bei kurzen Strecken im Stadtverkehr.

Clean-Tech-Fahrräder: Nach einer Greenpeace-Idee aus hochwertigen Materialien durch umweltbewußte Fertigung hergestellte Produkte

- Zerlegbarkeit in kleine Einzelkomponenten: Dadurch kann man verschiedene Fahrradteile besser reparieren, und ist nicht gezwungen, sie bei Defekten als Sondermüll wegzuwerfen.
- Weitestgehender Verzicht auf Produkte aus der Chlor-Chemie: Die Chlor-Chemie verursacht viele Umweltprobleme. Man denke nur an die Fluor-Kohlenwasserstoffe (FCKW), an Kunststoffe mit Polyvinylchlorid (PVC) u. a.
- Weitestgehender Verzicht auf Aluminium: Bei der Produktion von Aluminium wird unverhältnismäßig viel Energie verbraucht. Am Fahrrad sollten daher Teile wie Kettenblätter, Gepäckträger u. a. besser aus Stahl-Legierungen gefertigt werden.
- Weitestgehender Verzicht auf Verchromungen und Verzinkungen: Die Oberflächenverchromung von Metallen führt zu schwer beherrschbaren Gewässerverschmutzungen mit giftigen Schwermetallen.
- Umweltfreundliche Lackierungsverfahren: Die Pulverbeschichtung durch Kataphorese-Lackierung ist ohne giftiges Lösungsmittel, ohne Blei und Cadmium und ohne giftige Rückstände möglich.

Das verkehrssichere Fahrrad

Gesundheit und Sicherheit gehen vor. Daher sollte das Fahrrad verkehrssicher sein. Der Radfahrer ist neben dem Fußgänger der am wenigsten geschützte Verkehrsteilnehmer. Tatsächlich entspricht jedoch jedes zweite Fahrrad nicht den gesetzlichen Bestimmungen! Bei vielen Fahrrädern fehlen die vorgeschriebenen – vorne weißen und hinten roten – Reflektoren. Ganz selten sind auch die Felgenreflektoren montiert. Auch eine gut funktionierende Beleuchtungsanlage mit entsprechenden Reflektoren ist selten. Man sollte an sein Fahrrad den gleichen Sicherheitsmaßstab anlegen wie an sein Auto. Daher sollen noch einmal kurz die wichtigsten Punkte für ein verkehrssicheres Fahrrad zusammengefaßt sein:

- Zwei voneinander unabhängige, qualitativ hochwertige und gut eingestellte Bremsen
- gut hörbare, helltönende Glocke
- qualitativ hochwertige und einwandfrei funktionierende Beleuchtungsanlage, am besten mit Halogen-Scheinwerfer vorne und Spiegeloptik im roten Rücklicht
- reflektierende Strahler: rote Rückstrahler (Katzenauge), gelbe Rückstrahler an beiden Seiten der Pedale (Tretstrahler), Speichenreflektoren an Vorder- und Hinterrad oder ringförmig zusammenhängende reflektierende weiße Streifen an den Reifen des Vorder- und Hinterrades. Ab 1990 vorgeschrieben: weißer Reflektor nach vorne, roter Großflächenstrahler nach hinten
- gute Reifen.

Das verkehrssichere Fahrrad

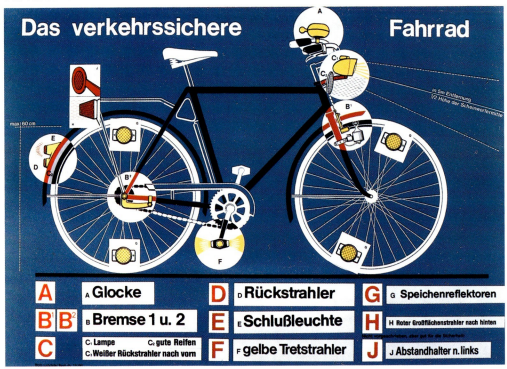

Nützliches Zubehör

Neben dem vorgeschriebenen gibt es noch eine große Auswahl an nützlichem Zubehör, z. B. Gepäckträger, Gepäcktaschen, Radständer, Luftpumpe und Fußpumpe, Flaschenhalter mit Trinkflasche, Trip-Computer, Sicherheitsschlösser, Werkzeug und Ersatzmaterial.

Gepäckträger

Sie tragen nicht nur Gepäck von 15 bis 20 kg, sondern unterliegen auch senkrechten und seitlichen Beschleunigungskräften, die manchmal über 80 kg hinausgehen. Vor allem die Seitenstabilität läßt oft zu wünschen übrig. Z. B. bei Bergabfahrten oder in Kurven. Auf den ersten Blick hält man manchen Gepäckträger für stabil, weil er seitlich zwei bis drei Streben aufweist – die aber meist mit einem einzigen »Strebchen« von 8 mm Durchmesser unten am Ausfallende des Rahmens verschraubt sind. Zudem sind die meisten Gepäckträger aus Aluminium angefertigt, das an sich wenig Seitenstabilität aufweist. Besser wären Stahlgepäckträger, bei denen zwei oder gar drei seitliche Streben getrennt bis ans Ausfallende des Rahmens hinunterreichen. Allgemein gilt: Die Seitenstabilität ist umso größer, je mehr Verbindungspunkte mit dem Rahmen bestehen. So gibt es auch Gepäckträger, die Verbindungen zur Sitzstrebe des Rahmens haben.

Bei der Befestigung der Gepäckträger und vor allem auch dann, wenn sie mit Gepäck beladen sind, sollte man darauf achten, daß die hinteren Bremsen – z. B. Cantilever-Bremsen – in ihrer Funktion nicht behindert werden. Wichtig ist auch, daß der Gepäckträger in seiner Größe zur Rahmengröße paßt, damit er optimal befestigt werden kann.

Wer längere Fahrten unternimmt, wird sich auch einen Vorderradträger montieren lassen wollen. Beachten sollte man jedoch, daß Vorderradträger- und Lenkertaschen die Lenkeigenschaft des Fahrrades ganz entscheidend ändern können. Deswegen sollte der Schwerpunkt dieser Vorderradträger möglichst weit unten liegen, wie es beim sog. »Low-Rider« der Fall ist. Schwachpunkte sind auch die Befestigungsschrauben, die man möglichst durch Schutzkappen schützen sollte, da verrostete Schrauben leicht durch das Gewicht der beladenen Gepäckträger brechen können.

Gepäcktaschen (Radtaschen)

Wer mit dem Fahrrad länger als einen Tag unterwegs sein will, schafft sich für das Verstauen seiner Gebrauchsgegenstände am besten passende Radtaschen an. An gute Gepäcktaschen sind folgende Anforderungen zu stellen:
- Strapazierfähigkeit: Das Material sollte reißfest

Gepäckständer vorne: »Low-Rider«

Gepäckständer hinten

und verschleißarm sein. Schweres Gewebe, meist durch Grammgewicht/m^2 gekennzeichnet, ist stabiler und strapazierfähiger. Die Nähte sollten doppelt und sauber genäht sein. Das Material besteht meist aus Nylongewebe oder gewachster Baumwolle.
- Widerstandsfähigkeit gegen Feuchtigkeit: Völlig wasserdichte Taschen gibt es nicht, da Schwachpunkte die Nähte und Verschlüsse sind. Die Nähte kann man durch Sprühwachs zusätzlich abdichten und imprägnieren.
- Unterteilung in Packfächer, Außen- und Aufsatztaschen: Die Unterteilung schafft Ordnung, gerade wenn man unterwegs irgend etwas benötigt (Regenjacke, Flickzeug, Kamera usw.). Fächer, Innen- und Außentaschen sind praktisch und empfehlenswert.

Abnehmbare Lenker-Gepäcktasche

- Verstärkte Taschenrückseiten: Eine eingearbeitete Platte oder ein Taschenrahmen verhindert, daß halbgefüllte Taschen sich ausbeulen und in die Speichen geraten.
- Praktische Befestigung: Gepäcktaschen sollte man jederzeit schnell und einfach abnehmen können. Zugleich sollen die Taschen fest und sicher am Gepäckträger sitzen, ohne zu wackeln.
- Feste Griffe und Tragegurte: Gute Gepäcktaschen sollte man auch bequem an Griffen und Gurten tragen können. Vor allem Lenkertaschen kann man mit Schultergurten zu praktischen Tragetaschen umfunktionieren, wenn man einmal zu Fuß unterwegs sein möchte.
- Praktische Formen: Leicht abgerundete Taschen sehen besser aus und bieten weniger Windwiderstand. Hintere Satteltaschen sollten vorne nach unten soweit abgeschrägt sein, daß man während der Fahrt nicht mit den Fersen an die Gepäcktaschen anstößt.
- Ausreichend Stauraum: Der Stauraum hinterer Gepäcktaschen sollte mindestens 35 bis 40 l betragen.
- Gute Verstellbarkeit: Man sollte befestigte Gepäcktaschen nachträglich noch verstellen können, damit sie dem Fahrrad möglichst gut anliegen. Gepäcktaschen sollen nicht weiter als notwendig vom Fahrrad abstehen. Das kostet wegen des Windwiderstandes Tretkraft und verlagert zusätzlich den Schwerpunkt von der Mittelachse nach außen, so daß das Fahrverhalten des Fahrrades verschlechtert wird. Daher sind auch äußere Quergurte sinnvoll.
- Vorderradtaschen: Sie sollten kleiner gestaltet werden, da sie bei jeder Lenkerdrehung mitbewegt werden müssen.
- Lenkertaschen: Sie sollten schnell abnehmbar, leicht zugänglich und immer im Blickfeld sein. Außerdem sollten sie die Hände am Lenker nicht behindern. Praktisch ist auch, wenn in die Deckelklappe ein Kartenfach eingearbeitet ist.
- Reflektoren: Wenn man bei schlechtem Wetter oder nachts mit Gepäcktaschen unterwegs ist, dient es der eigenen Sicherheit, wenn man weithin sichtbare Reflektoren an der Außenseite der Gepäcktaschen befestigt hat.

Radständer
Radständer sind praktisch, weil man durch sie sein

Fahrrad überall freistehend parken kann. Sie müssen aber stabil und richtig angebracht sein, damit sie ihre Funktion erfüllen, zumal wenn das Fahrrad mit Gepäck beladen ist. Es gibt Doppelständer, die unter und hinter dem Tretlager angeschraubt sind, wobei die Bodenfreiheit des Fahrrades jedoch beeinträchtigt wird. Beliebt und zweckmäßig sind auch einbeinige Seitenständer, die allerdings richtig angebracht sein müssen, um ihren Zweck zu erfüllen. Dabei sind drei Auflagepunkte entscheidend: Vorder- und Hinterrad sowie der seitliche Abstand des Ständerfußes. Wenn der Schwerpunkt des Fahrrades innerhalb dieses Dreieckes der drei Auflagepunkte liegt, kann man mit einem sicheren Stand rechnen. Bewährt sind Stützen, die an der Hinterradstrebe kurz vor der Hinterradachse montiert sind. Die richtige Ständerlänge bestimmt man so: Abstand von Boden zum Stützengelenk plus 4 bis 5 cm ergibt korrekte Ständerlänge.

Luftpumpe und Fußpumpe

Auch mitgenommenes Flickzeug, Ersatzventile oder vielleicht sogar Ersatzreifen nützen nichts, wenn man die Luftpumpe vergessen hat. Diese besteht meistens aus Kunststoff und ist leicht im Gewicht. Man sollte ihre Funktion in Abständen überprüfen. Empfehlenswert ist für zu Hause auch eine große Stand-Luftpumpe mit Manometer, um vor der Ausfahrt den richtigen Reifendruck bequem erzeugen zu können. Tourenräder werden meistens auf 3 bis 4 bar aufgepumpt, Sporträder auf 4 bis 5 bar, Rennräder auf 6 bis 7 (bis 8) bar.

Flaschenhalter und Trinkflasche

Bei längeren Fahrten ist ein mitgeführtes Getränk empfehlenswert. Flaschenhalter sind am Rahmen verlötet. Die Trinkflaschen fassen meistens 0,5 bis 0,77 l. Es gibt Plastik-Trinkflaschen und Thermo-Trinkflaschen mit oder ohne Hüllen, die in der kalten Jahreszeit ein warmes und in der heißen Jahreszeit ein kühles Getränk bieten. Über den Inhalt der Trinkflasche siehe Seite 112.

Trip-Computer

Die früheren Kilometerzähler sind zu technischen Wunderdingen geworden, die nebenbei natürlich auch Kilometer zählen können. Aber zusätzlich verfügen sie über eine ganze Reihe von weiteren Funktionen, z. B. Tageskilometer, Jahreskilometer, Geschwindigkeit, Durchschnittsgeschwindigkeit, Maximalgeschwindigkeit, Fahrzeit, Trittfrequenz, Pulsmessung, Tageshöhen-

Fußpumpe mit Manometer

Flaschenhalter mit Trinkflasche

Fahrradcomputer am Lenker

meter, Jahreshöhenmeter u. a. Dabei schalten sich diese Computer meistens bei der ersten Radumdrehung ein und stoppen beim Stillstand des Rades. Zudem sind sie stabil und absolut wasserdicht. Als Energiequelle dienen ihnen entweder Solarzellen oder Lithium-Batterien mit einer Lebensdauer von bis zu zwei Jahren. Man kann sie am Lenker, am Vorbau oder an der Gabelscheide befestigen. Die wichtigsten Meßwerte sind Geschwindigkeit, Durchschnittsgeschwindigkeit, Tageskilometer und zur besseren Trainingssteuerung auch Tretfrequenz und Herzfrequenz. Auf diese Weise kann man die als Trainingsaufgabe geplante Intensität einhalten und kontrollieren (siehe auch Seite 92). Gerade die Festlegung und Begrenzung der Trainingsintensität ist im Breiten- und Gesundheitssport besonders wichtig, ebenso wie die Tatsache, eine optimale Tretfrequenz (siehe Seite 92) einzuhalten. Bei der Umsetzung dieser Trainingsaufgaben erfüllt der Computer fast die Aufgabe eines Trainers.
Zur Eichung muß man meistens Raddurchmesser und Radumfang bestimmen, da er stark von der Reifenstärke abhängt. Den Radumfang erhält man, indem man einen Strich über Felge und Reifen bis zum Boden zieht, das Rad dann eine Umdrehung weiterrollt und den zurückgelegten Weg, der den Radumfang angibt, mißt. Der Raddurchmesser ergibt sich, indem man den Radumfang durch die Zahl π (3, 14) teilt.
Das Kabel vom Sensor zum Computer verlegt man am besten innen an der Gabel, indem man es mit einem 20 mm breiten Tesafilm-Streifen festklebt, wobei vorher der Lack mit Spiritus entfettet werden muß. Weiter wird es entlang des Bremszuges ebenfalls mit Tesafilm etwa alle 10 cm befestigt.

Sicherheitsschlösser
Einen vollkommenen Diebstahlschutz für ein hochwertiges Fahrrad gibt es bisher nicht. Wie will man auch alle wertvollen Fahrradteile wie Vorder- und Hinterrad, Sattel und Pumpe gleichzeitig schützen? Auf jeden Fall genügen die üblichen Zahlenschlösser, Steckschlösser und auch Ringschlösser nicht. Kiloschwer und kaum zu knacken sind sog. Bügelschlösser aus Spezialstahl. Praktisch sind Schlösser aus einem Spiralkabel mit eigener Halterung unter dem Sattel. Wertvolle Fahrräder kann man sichern, indem man das Vorderrad herausnimmt, neben das Hinterrad stellt und dann die beiden Laufräder zusammen mit dem Rahmen an einen Laternenpfahl kettet.

Am Sattel befestigtes Spiralschloß

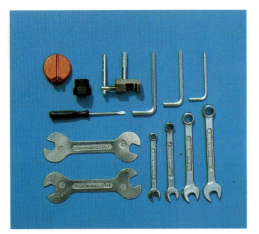

Empfehlenswertes Werkzeug für unterwegs

Unterwegs auf ▷ großer Tour

Werkzeug und Ersatzmaterial

Auch bei kürzeren Fahrten sollte man einige Utensilien mitführen, um gegen auftretende Defekte nicht ganz hilflos zu sein. Dazu gehört z. B.:
- Werkzeug: Schlüssel für die vorhandenen Muttern, Inbusschlüssel, Konusschlüssel, Speichennippelspanner, kleine Grippzange oder Kombizange, kleiner Schraubenzieher, evtl. Zahnkranzabzieher
- Flickzeug, zwei Ersatz-Ventile, Stift-Sekundenkleber, Rolle Tesaband
- Fahrradschlauch, Ersatzreifen
- Putzlappen (ca. 50 x 50 cm).

Materialkontrollen

Vor jeder Ausfahrt sollte man sein Fahrrad kurz routinemäßig überprüfen:
- Leichter und runder Lauf der Laufräder
- gleichmäßige Spannung der Speichen
- fester Sitz der Naben-Befestigung (Muttern, Schnellspanner)
- Überprüfung der Reifen auf Schäden (Defekte an der Lauffläche, Gewebeschäden und Fäden an der Seitenfläche)
- richtiger Reifendruck
- richtige Einstellung und Funktion der Bremsen, bei Felgenbremsen Bremsschuhe parallel zur Felgenauflagefläche, in 2 bis 3 mm Abstand zur Felge, richtiger Sitz der Bremsklötze, kurze Hebelwege bei den Bremsgriffen
- richtige Einstellung der Schaltung, z. B. exakter Wechsel vom großen auf das kleine Kettenblatt und umgekehrt, sauberer Lauf der Kette hinten am größten und kleinsten Ritzel ohne Berührung der Speichen oder des Rahmens.

Wartung, Pflege, kleine Reparaturen

Man sollte in der Lage sein, einen Reifendefekt zu beseitigen, die Kette zu pflegen und zu wechseln sowie die Laufräder bei Speichendefekten zu zentrieren.

Beseitigung von Reifendefekten

Für Pannenmuffel gibt es ein Pannen-Gel, das man in einer Menge von 100 bis 150 ml in den Schlauch spritzt. Dieses Gel hat dann die Eigenschaft, unter Druck auszufasern und auftretende Löcher abzudichten, wenn sie nicht zu groß sind. Bei aufgetretenem Defekt genügen 20 ml, um diese Wirkung zu erzielen. Trotzdem wird man nicht umhinkommen, manchmal einen Schlauchdefekt flicken zu müssen. Das Flicken von Löchern im Schlauch ist gar nicht so schwer. Das Vorgehen ist auf der Schachtel des jeweiligen Flickzeuges vermerkt. Wichtig ist, daß man bei der Montage den geflickten Schlauch nicht durch Werkzeug oder Reifenmantel einzwickt, wobei ein neuer Defekt entstehen könnte. Am besten gelingt das bei leicht aufgepumptem Schlauch. Erst wenn der Drahtreifen wieder richtig in der Felge sitzt, pumpt man den Schlauch vollends auf.

Beim Abhebeln des Drahtreifens keine scharfen Werkzeuge verwenden

Kettenpflege und Kettenwechsel

Die Kette sollte bei stärkerer Verschmutzung durch Benzin oder Petroleum gereinigt werden. Danach sollte man sie mit einem zähfließenden Kettenfett neu einfetten. Durch längeren Gebrauch wird die Kette länger, so daß die Kettenglieder den Zahnkranz abnutzen. Daher sollte man die Kette je nach Beanspruchung alle 1000 bis 2000 km wechseln. Das ist billiger, als wenn man bei zu seltenem Kettenwechsel zusätzlich einen Zahnkranz braucht. Man sollte daher die Kette selbst montieren können. Dazu braucht man nur einen Kettennietendrücker oder eine Nietzange, mit der man den Niet aus einem Kettenglied herausdrücken kann, aber so, der die Niet noch mit dem Ende in der Lasche hängt. Dann wird die Kette auf die richtige Länge gebracht (siehe Seite 42). Nun schließt man die Kette zusammen, indem man die Kettenglieder zusammenfügt und dann mit dem Nietendrücker den Niet wieder hineinschiebt, so daß er auf der anderen Seite etwa 1 mm hervor-

Problemloser Kettenwechsel mit Hilfe eines handlichen Kettennietendrückers

steht, wie bei den anderen Kettengliedern. Danach prüft man die freie Beweglichkeit dieses Kettengliedes durch Hin- und Herbewegen. Man kann sie durch leichtes seitliches Hin- und Herbiegen der Kette verbessern.

Zentrieren

Das perfekte Zentrieren eines Laufrades ist eine Kunst und dem Fachmann vorbehalten. Man sollte jedoch in der Lage sein, nach Speichenrissen einen »Achter« in der Felge zumindest teilweise beseitigen zu können. Das ist nämlich nicht so schwer. Dazu braucht man einen Nippelspanner. Man muß sich gedanklich vorstellen, daß die Speichennippel von oben auf die Speichen aufgeschraubt sind – also von oben gesehen nach rechts fest – und nach links aufzudrehen sind. Wenn man von unten arbeitet, ist es umgekehrt. Zentrieren muß man immer langsam und mit Geduld. Schlägt die Felge z. B. nach links, so zieht man an dieser Stelle die entsprechenden Speichen rechts zunächst um je eine Nippelumdrehung an. Auf der Gegenseite muß man die Speichen um die gleiche Nippeldrehung lockern. Das Wechselspiel »rechts anziehen – links lockern« setzt man so lange fort, bis das Laufrad wieder einigermaßen rund läuft.

Die zweckmäßige Bekleidung

Wetter, Fahrtwind und Jahreszeit bestimmen die richtige Bekleidung beim Radfahren. Einflüsse von außen – Wärme und Kälte, Wind, Regen und Schnee – und körpereigene Wärmeproduktion müssen miteinander in Einklang gebracht werden. Ein Radfahrer, der durchschnittlich 15 bis 20 km pro Stunde zurücklegt, erzeugt als Nebenprodukt ca. 400 bis 500 Kilokalorien an Wärme, die durch Verdunstung von 0,5 bis 1 l Schweiß oder Wasserdampf abgegeben werden müssen. Außerdem soll die Bekleidung aus Sicherheitsgründen auch bei Dämmerlicht und Dunkelheit gut sichtbar sein, so daß sich helle Farben und reflektierende Flächen empfehlen. Gerade in der Touring-Mode gibt es laufend neue Entwicklungen, so daß es wichtig ist, bestimmte Grundprinzipien zu kennen, nach denen man sich richten kann. Ein alter Spruch heißt: »Es gibt kein schlechtes Wetter – sondern nur eine schlechte Kleidung.«

Schuhe

Zunächst sollte man sich die richtigen Schuhe anschaffen. Wichtig ist eine möglichst grobstollige oder zumindest grobprofilierte Sohle. Gut eignen sich dazu

Zentriereinrichtung für das feine Zentrieren eines Laufrades.

Sport- und Laufschuhe. Die Sohle sollte auch fest sein, damit Pedaldruckstellen vermieden werden. Wichtig ist, die Schuhgröße nicht zu klein zu wählen, um kalte Füße wegen zu enger Schuhe zu vermeiden. Für den Winter gibt es Thermo-Überschuhe – oder auch die Möglichkeit, etwas größere knöchelhohe Sportschuhe und zwei Paar Wintersocken anzuziehen. Im Winter sollte man bei kalten Füßen absteigen und einige hundert Meter zu Fuß laufen, um die Füße wieder zu erwärmen.

Hosen

Da die Sitzfläche beim Radfahren zunächst besonders strapaziert wird, sind Hosen und Beinkleider wichtig. Man kann natürlich auch mit ganz normalen Hosen beginnen. Sie sollten aber an der Sitzfläche keine auftragenden Nähte haben, und die Hosenbeine sollten nicht zu weit sein. Vor allem bei längeren Fahrten haben sich spezielle Radhosen bewährt, die innen mit einem weichen Hirsch- oder Kunstleder versehen sind, das manchmal noch zusätz-

◁ Die zweckmäßige Bekleidung richtet sich nach Sportlichkeit und äußeren Bedingungen

Eine wetterfeste Bekleidung erlaubt es, auch bei kälterem Wetter mit dem Fahrrad unterwegs zu sein

lich durch eine Schaumstoffschicht unterpolstert ist. Bei kalter Witterung sind enge Trainingshosen oder spezielle Radhosen zu empfehlen. Bei diesen sollte man darauf achten, daß sie vor allem um die Kniegelenke nicht zu straff sitzen, weil dadurch die Blutzirkulation eingeschränkt und die Kniegelenke durch den Fahrtwind wegen des fehlenden isolierenden Luftpolsters unterkühlt werden können. Das führt vor allem in der kalten Jahreszeit, und auch im Frühjahr, zu Kniebeschwerden. Empfehlenswert sind Radhosen; die um die Kniegelenke herum eine elastische geriffelte Zone aufweisen. Außerdem sollen sie lang genug sein und auch in der Kniebeuge den Knöchelbereich bedecken.

Unterwäsche und Oberbekleidung

Wenn man mit normaler Baumwollunterwäsche ins Schwitzen gerät, saugt sich das Material voll, bis es patschnaß ist. Auf diese Weise kann man sich beim Radfahren leicht erkälten, vor allem auf Bergabfahrten mit kühlem Fahrtwind. Daher sollte man Material bevorzugen, das den Schweiß nach außen transportiert, ohne sich selbst vollzusaugen. Bei aller Sympathie für Naturfasern – aber das schaffen sie nicht. Hier haben sich neu entwickelte Fasern allein oder in Mischung mit Baumwolle bewährt (z. B. Dunova®, Helly Hansen® u. a.). Wenn man längere Fahrten in den Bergen beabsichtigt, sollte man eine zweite, trockene Unterwäschegarnitur mitführen. Die gleichen Grundsätze gelten für das über der Unterwäsche getragene Trikot.

Bei kühler Witterung, Regen und Schnee braucht man zusätzlich Überjacken, Wind- und Regenjacken. Sie sollen einen zusätzlichen Schutz gegen Kälte und Fahrtwind sowie auch gegen Nässe bieten – und sollen trotzdem atmungsaktiv sein und die Körperfeuchtigkeit nach außen leiten. Das bisher bekannteste derartige klimaaktive Gewebe ist Gore-Tex. Dieses Gewebe besteht aus einer Membran, die nur $^4/_{1000}$ mm dünn und von Milliarden mikroskopisch kleiner Poren durchsetzt ist. Durch diese Mikroperforation kann der Schweiß nach außen verdampfen, ohne daß großtropfiges Regenwasser von außen eindringen kann. Dieses Gewebe läßt maximal 1,5 l Schweiß pro Stunde nach außen diffundieren. Sollte es noch kälter werden, kann man zwischen Trikot und Überjacke noch einen oder zwei luftige Pullover anziehen. Prinzipiell sind zwei dünne Pullover besser als ein dicker wegen der dazwischenliegenden wärmenden und isolierenden Luftschicht. Überjacken für die kühlere Jahreszeit kauft man am besten in Trekking- oder Outdoor-Läden. Diese Jacken sollen ebenfalls atmungsaktiv und so lang geschnitten sein, daß sie dem auf dem Rad sitzenden Fahrer bis zum Sattel reichen und vor allem die Nierengegend schützen. Die Taschen sollen mit Reißverschlüssen oder Klappen gut verschließbar sein. Außerdem sollten Reißverschlüsse und Luftschlitze winddicht sein und die Ärmel an den Handgelenken eng abschließen. Als Kopfbedeckung empfiehlt sich auch im Sommer eine leichte Sommermütze, um Unterkühlungen der Kopfhaut bei Bergabfahrten zu verhindern. Im Winter setzt man eine dicke Wollmütze auf, die bis über die Ohren geht. Aus Sicherheitsgründen unbedingt zu empfehlen ist ein Schutzhelm (siehe unten). Die Hände schützt man durch Handschuhe: Im Sommer durch Radsport-Handschuhe, die in der Handfläche gepolstert sind, im Winter durch entsprechende dicke Fingerhandschuhe, die nicht zu eng und nur so dick sein dürfen, daß man noch schalten und bremsen kann.

Sicherheitskleidung

»Sehen und Gesehen-werden« ist ein wichtiger Grundsatz im Straßenverkehr. Dem sollte sowohl die Ausstattung des Fahrrades wie auch die Bekleidung Rechnung tragen. Von beiden sollte Signalwirkung ausgehen. Zwar haben wir darauf schon hingewiesen – doch kann dies nicht deutlich genug gemacht werden. Zusätzlich muß man hier noch auf zwei Utensilien hinweisen, deren Anschaffung unbedingt zu empfehlen ist: Ein Schutzhelm und eine Schutzbrille.

Schutzhelm

Der Kopf ist unser wichtigster Körperteil. Zugleich ist er ziemlich schwer und schlägt bei Stürzen mit dem Fahrrad erfahrungsgemäß meistens zuerst auf dem Boden auf. Unabhängig von der Fahrgeschwindigkeit genügt allein der Fall von 170 bis 180 cm Höhe auf den Boden, um schwere Schädelverletzungen zu verursachen; denn dieser Aufprall entspricht allein schon einer Fahrgeschwindigkeit von ca. 20 km/h. Schon diese Tatsache sollte Anlaß sein, sich einen Schutzhelm anzuschaffen, vor allem wenn man mit dem Radfahren beginnt. Auch die Statistik beweist das: Über 70% der Fahrradunfälle gehen auf Unachtsamkeit und Unerfahrenheit zurück. 88% aller Fahrradunfälle ereignen

Sportschuhe, lange Hosen, Trikot und / oder Windjacke nebst Schutzhelm – eine vielseitige Standardausrüstung für das Radfahren unter verschiedensten Bedingungen

sich in geschlossenen Ortschaften, wobei $2/3$ dieser Unfälle zu Gehirnerschütterungen und Schädelverletzungen führten. Außerdem erreicht man bei Bergabfahrten Geschwindigkeiten von über 50 km/h. Das Tragen eines Helms beim Radfahren ist reine Gewöhnungssache. Helme für den Radfahrer sollten folgende Bedingungen erfüllen:
- Sie sollten leicht sein, weil die Nackenmuskulatur beim Radfahren auch ohne Helm schon zu Verspannungen neigt.
- Sie sollten nicht zu einem Wärmestau führen, auch nicht im Sommer. Dazu sind Belüftungsschlitze notwendig, die aber nicht auf Kosten der Stabilität gehen dürfen.
- Sie sollten gut sitzen, damit sie sich auch bei Stürzen nicht verschieben.

Es gibt inzwischen genügend Modelle, die diese Bedingungen erfüllen. Moderne Radhelme bestehen aus drei Schichten: Außen ein schützender harter Kunststoff (meist Polycarbonat), innen ein Gurtgestell oder ein stoffbeklebtes Schaumpolster, dazwischen eine stoßdämpfende Schicht aus Hartschaum. Die Helme wiegen zwischen 200 und 500 g. Auch ein guter Kinnriemenverschluß ist wichtig.

Schutzbrille
Sie schützt gegen UV-Licht, Fahrtwind, Staub und Insekten. Aus diesen Gründen tragen auch Radprofis immer mehr die für den Radsport entwickelten Schutzbrillen.

Fahrtechnik

Die richtige Fahrtechnik wird hauptsächlich von drei Faktoren bestimmt: Der richtigen Sitzposition auf dem Fahrrad, die – richtige Rahmenhöhe und Fahrradgröße vorausgesetzt – vor allem durch die Einstellung des Sattels bestimmt wird. Zum zweiten wird die Fahrtechnik durch den richtigen Bewegungsablauf auf dem Fahrrad gestaltet, d. h. durch eine lockere und runde Tretbewegung, durch die richtige Pedalumdrehungszahl pro Minute und den optimalen Einsatz der Schaltung. Schließlich gehört zur Fahrtechnik die Fähigkeit, wie man sich mit dem Fahrrad im Gelände bewegt – Bremstechnik, Kurventechnik, Bergauffahren, Bergabfahren, Fahren in der Gruppe – einschließlich des richtigen Verhaltens im Straßenverkehr.

Sitzposition

Nur mit der richtigen Sitzposition auf dem Fahrrad können wir unsere Kräfte frei entfalten. Der Leitsatz muß heißen: »So bequem wie möglich«. Man sollte bequem sitzen, die Wirbel-

Lockere halb-aufrechte Sitzposition auf einem Touren-Sportrad

Satteleinstellung:
① Sattelneigung, ② Sattelhöhe, ③ Sattelstellung

säule und den Nacken entlasten und möglichst locker und frei atmen können. Dazu braucht jeder Mensch seine individuelle Sitzposition. Vorausgesetzt, daß man das zur eigenen Körpergröße passende Fahrrad mit der richtigen Rahmenhöhe und dem richtigen Lenker mit der richtigen Lenkerbreite und dem zur Körpergröße passenden Vorbau angeschafft hat, sind folgende vier Fragen zu beantworten:
- Wie muß der Sattel geneigt sein (Sattelneigung)?
- Wie hoch muß man den Sattel aus dem Sitzrohr herausragen lassen (Sattelhöhe)?
- Wie weit muß man den Sattel vor- oder zurückschieben (Sattelstellung, Sitzlänge)?
- Wie hoch muß der Lenker im Vergleich zum Sattel sein (Lenkerhöhe)?

Sattelneigung

Am besten wird der Sattel zunächst – gleich große und mit gleichem Druck aufgepumpte Laufräder vorausgesetzt – mit der Wasserwaage genau horizontal eingestellt.

Sattelhöhe: Richtige Einstellung, wenn die Beine bei normaler Sitzposition und unterer Pedalstellung leicht gebeugt (170 bis 175°) sind

Die drei Möglichkeiten der Sattelhöhenbestimmung:

links: rasche und provisorische Einstellung durch Armlänge,

unten: Sattelhöhe entspricht der Beinlänge: Man muß bei gestrecktem Bein mit der Ferse auf das Pedal gelangen,

rechts: bei gestrecktem Bein sollte man mit der Fußspitze unter das Pedal kommen können, ohne die Sitzposition zu verändern

Sattelhöhe

Ziel der Einstellung der richtigen Sattelhöhe ist es, daß ein lockeres, rundes Pedalieren möglich ist. Dazu darf das Bein im Kniegelenk in der Stellung des untersten Pedalumdrehungspunktes weder zu stark gestreckt noch zu stark gebeugt sein. Im Idealfall ist das Kniegelenk in dieser Stellung etwa 170 bis 175° gebeugt. Um dieses Ziel zu erreichen, gibt es mehrere Möglichkeiten. Wenn es schnell gehen soll, z. B. wenn man ein fremdes Rad benutzt, und es nicht auf den Millimeter ankommt, kann die Sattelhöhe mit der Armlänge bestimmt werden, da die Entfernung Sattel – Tretlager bei den meisten

Sattelstellung und Sitzlänge

Jetzt gilt es noch, durch Vor- und Zurückschieben des Sattels die richtige Position zum Tretlager und zum Lenker zu finden. Diese Positionen werden »Sattelstellung« und »Sitzlänge« genannt. Das von der Sattelspitze nach unten gefällte Lot liegt etwa 2 bis 7 cm hinter der Mitte der Tretlagerachse. Dieser Abstand hängt von der Körpergröße ab. Als Faustregel kann man sich an folgende Durchschnittswerte halten: Körpergröße bis 150 cm: Abstand ca. 1 cm; Körpergröße 150 bis 160 cm; Abstand ca. 2 cm; Körpergröße 160 bis 170 cm; Abstand ca. 4 cm; Körpergröße 170 bis 180 cm; Abstand ca. 6 cm; Körpergröße über 180 cm: Abstand über 6 cm.
Da ein spezieller Damensattel meistens kürzer gebaut ist, muß man für ein Damenrad noch etwa 2 bis 3 cm zu diesen Abständen dazuzählen. Doch gleichgültig wie die individuellen Kör-

Menschen der Entfernung Achselhöhle – Fingerspitzen entspricht. Man stellt sich neben das Fahrrad, geht leicht in die Knie, wobei man den Schultergürtel waagerecht hält, und legt den Arm über den Sattel. Wenn der Sattel in der Achselhöhle ruht und die Fingerspitze bis zur Mitte der Tretlagerachse reichen, hat der Sattel meistens die richtige Höhe.
Bei der zweiten Methode setzt man sich mit waagerechter Hüftstellung auf den Sattel und versucht bei durchgestrecktem Kniegelenk die Ferse auf das am unteren Tiefpunkt stehende Pedal zu setzen. Die Sattelhöhe ist richtig, wenn dies ohne Hin- und Herrutschen auf dem Sattel gelingt.
Bei der dritten Methode versucht man ebenfalls mit waagerechter Hüftstellung auf dem Sattel sitzend bei gestrecktem Bein mit der Fußspitze in waagerechter Fußhaltung unter das Pedal zu gelangen, wenn es am tiefsten Punkt steht.

Richtige Sitzposition am Beispiel eines Radprofis

Das bei waagerechter Tretkurbelstellung von der Kniescheibe nach unten gefällte Lot sollte genau die Pedalachse treffen

Provisorische Prüfung der Sitzlänge (Abstand Sattelspitze – Lenkerrohr): Sie sollte etwa der Unterarmlänge vom Ellbogen bis zu den Fingerspitzen entsprechen

permaße und die Länge des Sattels ausfallen, muß die korrekte Sattelstellung durch eine »Sitzprobe« geprüft werden. Dabei setzt man sich bequem auf den Sattel, stellt die Tretkurbeln waagerecht und fällt das Lot vom Vorderrand der Kniescheibe nach unten: Es muß dann genau durch die Mitte der Pedalachse gehen (siehe Abb.).

Nun müßte auch die **Sitzlänge** richtig sein, d. h. die Entfernung der Sattelspitze zum Hinterrand des Lenkerbügels. Sie entspricht meistens der Unterarmlänge vom Ellbogen bis zu den Fingerspitzen plus eine Handbreite (siehe Abb.). Bei diesem Maß kommt es nicht genau auf den Millimeter an, da dieser Abstand auch durch die Länge des Sattels bestimmt wird.

Lenkerhöhe

Als Faustregel für den Tourenfahrer gilt, daß die Lenkerhöhe etwa der Sattelhöhe entsprechen sollte. Dabei geht man von der Höhe der Lenkergriffe aus. Bei einem zu tief eingestellten Lenker wird die Wirbelsäule und die Nackenmuskulatur zu stark beansprucht, zumindest am Anfang. Außerdem wird die freie Bauchatmung behindert. Wenn einem die Einstellung der Lenkerhöhe Schwierigkeiten bereitet, sollte man sie bei einem Fachmann vornehmen lassen.

Der gute Fahrstil

Jeder Mensch sitzt und fährt unterschiedlich auf dem Fahrrad. Trotzdem gibt es bestimmte Richtlinien, die einen guten Fahrstil kennzeichnen:
- Bequeme Sitzposition mit ruhiger Haltung des Oberkörpers
- lockere Griffposition am Lenker
- richtige Fußstellung auf den Pedalen
- richtige Beinführung (Beinarbeit)
- richtiges Pedalieren (runder Tritt).

Wie schon mehrfach angedeutet, sollte man immer möglichst bequem und locker auf dem Fahrrad sitzen. Bequem sitzen heißt, möglichst alle Muskeln – insbesondere des Rückens, der Schultern und des Nackens – zu entspannen und ruhig und locker zu atmen. Gerade auf die Schulung der Atemtechnik sollte man besonders am Anfang Wert legen. Dabei sind folgende Punkte zu beachten:
- Auf langsame Tiefatmung achten.
- Vor allem die Ausatmung betonen – die Einatmung geht von selbst.
- Mehr nach unten in den Bauch (Zwerchfellatmung) und seitlich in die Flanken (Flankenatmung) hineinatmen.
- Die Nasenatmung bevorzugen, solange es geht.

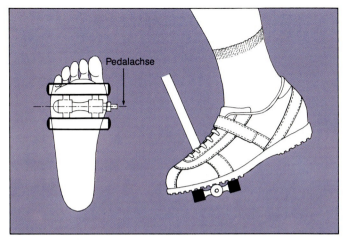

Der Fuß sollte mit dem Großzehengrundgelenk (Fußballen) über der Pedalachse stehen, die Längsachse senkrecht zur Pedalachse verlaufen

Während des Radfahrens sollte der Oberkörper ruhig gehalten werden. Unruhiges Hin- und Herpendeln verschwendet Kräfte und stört die Geradeausfahrt. Die Hände sollten den Lenker locker umgreifen und sich nicht verkrampfen. Ab und zu sollte man bewußt die Griffhaltung lockern, vor allem auch um Druckschäden der Nerven an den Handgelenken zu vermeiden. Die Beine sollen sich in zwei parallelen Ebenen möglichst dicht am Rahmen bewegen. Die Knie können innen sogar das Oberrohr des Rahmens leicht berühren. Diese ideale Beinarbeit ist nur dann möglich, wenn die Füße ebenfalls parallel auf den Pedalen arbeiten und zwar in einer Stellung, in der die Großzehengrundgelenke sich über der Pedalachse befinden. Keinesfalls sollten die Fußspitzen nach außen – eher ein wenig nach innen – weisen. Während der Fahrt sollte man immer locker auf dem Fahrrad zu sitzen. Die Arme sollten leicht gebeugt sein, um Stöße und Erschütterungen abfangen zu können. In Abständen sollte man immer wieder die Muskeln der Arme, des Schultergürtels und des Nackens bewußt entspannen. Besonders am Anfang sollte man an der Vervollkommnung des Fahrstiles arbeiten; denn Fehler, die sich am Anfang einschleichen, wird man später kaum wieder los. Schließlich sollte man noch lernen, die Pedale nicht nur von oben nach unten, sondern rund zu treten, eine Fähigkeit, die man »Pedalieren« nennt. Diese Fähigkeit ist für das richtige Radfahren sehr wichtig.

Der runde Tritt

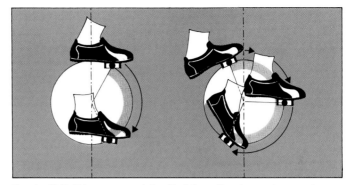

Runder Tritt: Wenn man auf das Pedal nur Druck von oben nach unten ausübt, nutzt man nur einen kleinen Sektor der Pedalumdrehung. Hebt man dagegen die Fußspitze vor dem oberen toten Punkt an, schiebt nach vorne, senkt dann den Fuß nach unten und drückt die Fußspitze am unteren toten Punkt nach hinten, wird der wirksame Sektor der Pedalumdrehung beträchtlich größer.

Im Radsport ist der runde Tritt oder das Pedalieren eine notwendige Grundfähigkeit, um überhaupt die Leistung richtig entfalten zu können. Deswegen beginnen auch Radprofis jedes Jahr aufs neue mit kleinen Übersetzungen und hoher Tretgeschwindigkeit, um diesen runden Tritt zu erwerben und zum Reflex werden zu lassen. Der unerfahrene Radfahrer tritt das Pedal nur in einem kleinen Segment von oben nach unten und nutzt dabei vielleicht nur 25% der gesamten Pedalumdrehung. Physikalisch wirkt die optimale Kraft beim Tretvorgang immer senkrecht zur Tretkurbel. Um dies über ein möglichst großes Kreissegment zu erreichen, muß man seine Kräfte möglichst gleichmäßig über den Tretvorgang verteilen. Am obersten und am untersten Punkt der Pedalumdrehung ist Druck von oben völlig wirkungslos. Daher werden diese Stellen auch »tote Punkte« genannt. Gerade diese »toten Punkte« gilt es zu überwinden. Dazu muß man am oberen toten Punkt die Fußspitze heben und das Pedal nach vorne schieben und am unteren toten Punkt die Fußspitze senken und das Pedal nach hinten drücken. Am besten geht das mit Schwung bei kleiner Übersetzung (siehe Seite 26 f.) und hoher Tretfrequenz (siehe unten). Dazu muß man den Fuß im oberen Sprunggelenk ganz locker lassen, so daß er eine lockere Auf- und Abbewegung ausführen kann. Radprofis trainieren diesen runden Tritt auch mit »starrer« Nabe, d. h. einer Nabe ohne Freilauf. Das wäre aber für den normalen Radfahrer zu gefährlich. Eine ähnliche Situation findet sich aber auf dem Hometrainer, so daß man gerade hier den runden Tritt gut üben kann. Die Fähigkeit, mit hoher Tretgeschwindigkeit locker, rund und ökonomisch zu treten, kann man sich nur durch lange Übung aneignen – mit kleinen Übersetzungen und hoher Tretfrequenz.

Richtige Tretfrequenz

Anfänger machen oft den Fehler, mit großen Gängen und langsamer Pedalumdrehungszeit zu fahren. Dazu ist ein relativ großer Kraftaufwand nötig, so daß Kraft trainiert wird – und nicht Ausdauer. Der Sinn der Übersetzung besteht jedoch darin, die konkurrierenden Eigenschaften Ausdauer und Kraft derart optimal aufeinander abzustimmen, daß die gewünschten Anpassungen erreicht werden. Darin liegt das Geheimnis der Tretfrequenz – also der Pedalumdrehungen pro Minute – das auch bis heute wissenschaftlich noch nicht ganz gelöst ist. Folgende Tatsachen stehen jedoch fest:

- Untrainierte Radfahrer bevorzugen spontan eine Tretfrequenz von 40 bis 60 Umdrehungen pro Minute.
- Radprofis treten in Rad-

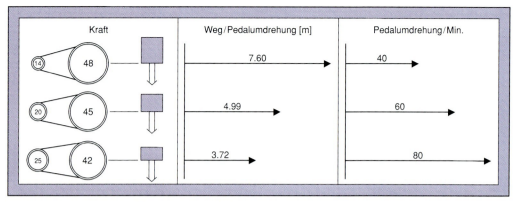

Zusammenhang zwischen Übersetzung, Krafteinsatz, Weg pro Pedalumdrehung und Pedalumdrehungen pro Minute für eine bestimmte Fahrgeschwindigkeit (18 km/h) mit einem 28-Zoll-Fahrrad:

Große Übersetzungen erfordern einen hohen Krafteinsatz. Sie erlauben es zwar, einen langen Weg pro Pedalumdrehung zurückzulegen, aber die möglichen Pedalumdrehungen pro Minute (Tretfrequenz) sind niedrig.

Mittlere Übersetzungen erlauben eine mittlere Tretfrequenz mit etwas geringerem Krafteinsatz.

Nur kleine Übersetzungen ermöglichen die angestrebte optimale Tretfrequenz bei geringerem Krafteinsatz.

rennen meistens mit 80 bis 100 Umdrehungen pro Minute.
- Alle Stundenweltrekorde im Radsport wurden mit einer Pedalumdrehungszeit von über 100 Umdrehungen pro Minute aufgestellt.
- Radprofis, die zuviel große Übersetzungen mit hohem Krafteinsatz und niedriger Tretfrequenz fahren, verlieren ihre Form.

Das hängt mit der Muskelfaserstruktur, vor allem mit dem Verhältnis von Ausdauerfasern zu Kraftfasern zusammen. Der untrainierte Radfahrer hat diese meistens im Verhältnis von 50:50. Bei Radprofis dagegen beträgt dieses Verhältnis 80 bis 90:10 bis 20. Das bedeutet: Der Anteil an Ausdauerfasern muß durch entsprechendes Training erhöht werden, um eine entsprechend erhöhte Ausdauerleistungsfähigkeit zu erlangen. Die gewünschten Anpassungserscheinungen äußern sich in der Umwandlung von Muskelfasern, sowohl was ihre Stoffwechsel- als auch ihre Kontraktionseigenschaften betrifft. Die Eigenschaften der Ausdauerfasern wurden bereits erwähnt (siehe Seite 27). Wichtig ist vor allem ihre hohe Sauerstoffaufnahmefähigkeit und geringe Ermüdbarkeit. Der Durchmesser ist dünner als der von Kraftfasern, daher haben sie auch geringere Krafteigenschaften. Kraftfasern dagegen sind dicker, können weniger gut mit Sauerstoff versorgt werden – und ermüden schneller. Daher verderben sie die Form des Radfahrers, wenn sie in der Überzahl sind. Gerade in der Muskelfaserstruktur zeigt sich ganz deutlich die Gültigkeit der biologischen Grundregel, daß sich die Qualität der Strukturen nach der Qualität der Beanspruchung richtet. Außerdem preßt ein auf Kraft beanspruchter Muskel die kleinen Blutgefäße zusammen, so daß es schon bei 50% der maximalen Kontraktionskraft zum völli-

gen Verschluß dieser kleinen Blutgefäße kommt. Auch aus diesem Grund erscheint es logisch, locker und mit geringem Krafteinsatz zu treten – und das geht nur mit kleinen Gängen und hoher Tretfrequenz. Es konnte wissenschaftlich gezeigt werden, daß bei höherer Tretfrequenz die höchsten Sauerstoffaufnahmewerte gemessen wurden. Daher trainieren Radprofis mit betont kleinen Gängen und höheren Tretfrequenzen als im Rennen, um diese Fähigkeit optimal auszubilden. »Dünne Beine« sind geradezu ein Qualitätsmerkmal hochtrainierter Radsportler. Je dünner die Muskelfasern, desto kürzer ist die Strecke, die Sauerstoff und Nährstoffe bis ins Zentrum der Muskelfasern zurücklegen müssen.
Daher sollte man beim Radfahren danach streben, durch die Wahl der richtigen Übersetzung bei gleicher Geschwindigkeit mit geringem Krafteinsatz eine Tretfrequenz von etwa 80 bis 100 Umdrehungen pro Minute zu erreichen.

Die Wahl der richtigen Übersetzung

Fahrräder mit Schaltung sind meistens schon beim Kauf mit einer bestimmten Übersetzung ausgestattet. Trotzdem kann man – und man sollte es auch – Einfluß auf die Auswahl der Übersetzung nehmen. Auch später noch kann man Kettenblätter und Zahnkranz auswechseln. Der Sinn der Übersetzung besteht darin, auch bei unterschiedlichem Gelände mit geringem Krafteinsatz und großem

Übersetzungstabelle in Metern für 26-Zoll-Laufräder
(berechnet mit 25,8 realem Zoll-Durchmesser)

		Kettenblatt												
	Zähne	26	32	36	38	40	42	44	45	46	48	49	50	51	52
Zahnkranz	14	3.82	4.70	5.29	5.59	5.88	6.17	6.47	6.61	6.76	7.05	7.20	7.35	7.50	7.64
	15	3.57	4.39	4.94	5.21	5.49	5.76	6.04	6.17	6.31	6.58	6.72	6.86	7.00	7.13
	16	3.34	4.12	4.63	4.89	5.14	5.40	5.66	5.79	5.92	6.17	6.30	6.43	6.56	6.69
	17	3.15	3.87	4.36	4.60	4.84	5.08	5.33	5.45	5.57	5.81	5.93	6.05	6.17	6.29
	18	2.97	3.66	4.12	4.34	4.57	4.80	5.03	5.14	5.26	5.49	5.60	5.72	5.83	5.94
	19	2.82	3.47	3.90	4.12	4.33	4.55	4.77	4.87	4.98	5.20	5.31	5.42	5.52	5.63
	20	2.68	3.29	3.70	3.91	4.12	4.32	4.53	4.63	4.73	4.94	5.04	5.14	5.25	5.35
	21	2.55	3.14	5.53	3.72	3.92	4.12	4.31	4.41	4.51	4.70	4.80	4.90	5.00	5.10
	22	2.43	2.99	3.37	3.55	3.74	3.93	4.12	4.21	4.30	4.49	4.58	4.68	4.77	4.86
	23	2.33	2.86	3.22	3.40	3.58	3.76	3.94	4.03	4.12	4.29	4.38	4.47	4.56	4.65
	24	2.23	2.74	3.09	3.26	3.43	3.60	3.77	3.86	3.94	4.12	4.20	4.29	4.37	4.46
	25	2.14	2.63	2.96	3.13	3.29	3.46	3.62	3.70	3.79	3.95	4.03	4.12	4.20	4.28
	26	2.06	2.53	2.85	3.01	3.17	3.32	3.48	3.56	3.64	3.80	3.88	3.96	4.04	4.12
	27	1.98	2.44	2.74	2.90	3.05	3.20	3.35	3.43	3.51	3.66	3.73	3.81	3.89	3.96
	28	1.91	2.35	2.65	2.79	2.94	3.09	3.23	3.31	3.38	3.53	3.60	3.67	3.75	3.82
	29	1.84	2.27	2.55	2.70	2.84	2.98	3.12	3.19	3.26	3.41	3.48	3.55	3.62	3.69
	30	1.78	2.19	2.47	2.61	2.74	2.88	3.02	3.09	3.16	3.29	3.36	3.43	3.50	3.57

Pedalweg – sprich hoher Tretfrequenz – fahren zu können, um die gesundheitlich richtigen Anpassungen zu erreichen. In der Technik versteht man unter Übersetzung das Verhältnis zwischen der Antriebs- und Abtriebsdrehzahl eines Getriebes. Beim Fahrrad hängen Übersetzung und Tretkraft von folgenden Gegebenheiten ab:
- Zähnezahl des vorderen Kettenblattes (z_1)
- Zähnezahl des hinteren Zahnkranzes (z_2)
- Durchmesser (d) und Umfang (u) des angetriebenen Laufrades
- Länge der Tretkurbel.

Der Durchmesser eines Laufrades beträgt bei Tourenrädern 26 oder 28 Zoll, bei Sporträdern 27 Zoll und bei Rennrädern ca. 26,3 Zoll (1 englisches Zoll = 2,54 cm). Der Durchmesser eines 26-Zoll-Laufrades ergibt also 26 mal 2,54 cm: 66,04 cm, der eines 27-Zoll-Laufrades 68,58 cm und der eines 28-Zoll-Laufrades 71,12 cm. Im Radsport gibt man die Übersetzung meistens in Zoll an.

Besser vorstellen kann man sich, und deswegen wollen wir uns in diesem Buch darauf beschränken, wieviel Meter mit der jeweiligen Übersetzung bei einer Pedalumdrehung zurückgelegt werden. Dazu braucht man den Umfang des angetriebenen Laufrades, der sich aus dessen Durchmesser errechnen läßt:
Umfang (u) = Durchmesser (d) x Konstante π (3,1415927.., wir rechnen mit rund 3,14).
Der Umfang eines 28-Zoll-Rades beträgt dann:

Übersetzungstabelle in Metern für 27-Zoll-Laufräder
(berechnet mit 26,8 Zoll realem Laufraddurchmesser)

							Kettenblatt							
	Zähne	26	32	36	38	40	42	44	45	46	48	49	50	51	52
	14	3.97	4.89	5.50	5.80	6.11	6.41	6.72	6.87	7.02	7.33	7.48	7.63	7.79	7.94
	15	3.70	4.56	5.13	5.41	5.70	5.98	6.27	6.41	6.55	6.84	6.98	7.12	7.27	7.41
	16	3.47	4.27	4.81	5.08	5.34	5.61	5.88	6.01	6.15	6.41	6.55	6.68	6.81	6.95
	17	3.27	4.02	4.53	4.78	5.03	5.28	5.53	5.66	5.78	6.04	6.16	6.29	6.41	6.54
	18	3.09	3.80	4.27	4.51	4.75	4.99	5.22	5.34	5.46	5.70	5.82	5.94	6.06	6.17
	19	2.92	3.60	4.05	4.27	4.50	4.72	4.95	5.06	5.17	5.40	5.51	5.62	5.74	5.85
Zahnkranz	20	2.78	3.42	3.85	4.06	4.27	4.49	4.70	4.81	4.92	5.13	5.24	5.34	5.45	5.56
	21	2.65	3.26	3.66	3.87	4.07	4.27	4.48	4.58	4.68	4.89	4.99	5.09	5.19	5.29
	22	2.53	3.11	3.50	3.69	3.89	4.08	4.27	4.37	4.47	4.66	4.76	4.86	4.96	5.05
	23	2.42	2.97	3.35	3.53	3.72	3.90	4.09	4.18	4.27	4.46	4.55	4.65	4.74	4.83
	24	2.32	2.85	3.21	3.38	3.56	3.74	3.92	4.01	4.10	4.27	4.36	4.45	4.54	4.63
	25	2.22	2.74	3.08	3.25	3.42	3.59	3.76	3.85	3.93	4.10	4.19	4.27	4.36	4.45
	26	2.14	2.63	2.96	3.12	3.29	3.45	3.62	3.70	3.78	3.95	4.03	4.11	4.19	4.27
	27	2.06	2.53	2.85	3.01	3.17	3.32	3.48	3.56	3.64	3.80	3.88	3.96	4.04	4.12
	28	1.98	2.44	2.75	2.90	3.05	3.21	3.36	3.44	3.51	3.66	3.74	3.82	3.89	3.97
	29	1.92	2.36	2.65	2.80	2.95	3.10	3.24	3.32	3.39	3.54	3.61	3.69	3.76	3.83
	30	1.85	2.28	2.56	2.71	2.85	2.99	3.13	3.21	3.28	3.42	3.49	3.56	3.63	3.70

28 x 2,54 cm x 3,14 = 223,32 cm.
Der infolge der Eindellung des Reifens reale Umfang ist aber nur:
27,8 x 2,54 cm x 3,14 = 221,72 cm.
Übersetzung (m)
$$\frac{z_1}{z_2} \times u$$
z. B. $\frac{46}{24}$ = 2,23 m
= 4,27 m
Reale Übersetzung:
46/24 x 2,22 m = 4,25 m

Die reale Übersetzung von 53,28 Zoll entspricht also einer Übersetzung von 4,25 m Pedalumdrehung. Fachleute unter sich geben die Übersetzung auch nur durch das Verhältnis der Zähnezahl an. Sie würden also in diesem Falle sagen, es handle sich um die Übersetzung 46/24, wobei zusätzlich der Laufraddurchmesser anzugeben wäre. Um sich die individuellen Übersetzungen müheloser zusammenstellen zu können, gibt es Tabellen, in denen die Übersetzungen bereits ausgerechnet sind. Wir beschränken uns in diesem Buch auf die Übersetzungstabellen in Meter für die Laufraddurchmesser 26 Zoll (Tourenrad, Mountain-Bike), 27 Zoll (Sportrad) und 28 Zoll (Tourenrad). In den Werten unserer Tabelle ist jeweils eine Eindellung der Reifen (Walkarbeit) von 0,2 Zoll berücksichtigt. Die Berechnungen erfolgten mit 1 Zoll = 2,54 cm und der Konstante π = 3,1415927
Bei der Zusammenstellung individueller Übersetzungen sind neben dem Laufraddurchmesser noch folgende

Übersetzungstabelle in Metern für 28-Zoll-Laufräder
(berechnet mit 27,8 Zoll realem Laufraddurchmesser

		Kettenblatt												
	Zähne	26	32	36	38	40	42	44	45	46	48	49	50	51	52
Zahnkranz	14	4.12	5.07	5.70	6.02	6.33	6.65	6.97	7.13	7.29	7.60	7.76	7.92	8.08	8.24
	15	3.84	4.73	5.32	5.62	5.91	6.21	6.50	6.65	6.80	7.10	7.24	7.39	7.54	7.69
	16	3.60	4.43	4.99	5.27	5.54	5.82	6.10	6.24	6.37	6.65	6.79	6.93	7.07	7.21
	17	3.39	4.17	4.70	4.96	5.22	5.48	5.74	5.87	6.00	6.26	6.39	6.52	6.65	6.78
	18	3.20	3.94	4.43	4.68	4.93	5.17	5.42	5.54	5.67	5.91	6.04	6.16	6.28	6.41
	19	3.03	3.73	4.20	4.43	4.67	4.90	5.13	5.25	5.37	5.60	5.72	5.83	5.95	6.07
	20	2.88	3.55	3.99	4.21	4.43	4.66	4.88	4.99	5.10	5.32	5.43	5.54	5.65	5.76
	21	2.75	3.38	3.80	4.01	4.22	4.43	4.65	4.75	4.86	5.07	5.17	5.28	5.38	5.49
	22	2.62	3.23	3.63	3.83	4.03	4.23	4.43	4.54	4.64	4.84	4.94	5.04	5.14	5.24
	23	2.51	3.08	3.47	3.66	3.86	4.05	4.24	4.34	4.43	4.63	4.72	4.82	4.92	5.01
	24	2.40	2.96	3.33	3.51	3.70	3.88	4.06	4.16	4.25	4.43	4.53	4.62	4.71	4.80
	25	2.31	2.84	3.19	3.37	3.55	3.72	3.90	3.99	4.08	4.26	4.35	4.43	4.52	4.61
	26	2.22	2.73	3.07	3.24	3.41	3.58	3.75	3.84	3.92	4.09	4.18	4.26	4.35	4.43
	27	2.14	2.63	2.96	3.12	3.28	3.45	3.61	3.70	3.78	3.94	4.02	4.11	4.19	4.27
	28	2.06	2.53	2.85	3.01	3.17	3.33	3.48	3.56	3.64	3.80	3.88	3.96	4.04	4.12
	29	1.99	2.45	2.75	2.91	3.06	3.21	3.36	3.44	3.52	3.67	3.75	3.82	3.90	3.98
	30	1.92	2.37	2.66	2.81	2.96	3.10	3.25	3.33	3.40	3.55	3.62	3.70	3.77	3.84

Tatsachen zu berücksichtigen:
- Die Unterschiede der pro Pedalumdrehung zurückgelegten Meter nehmen mit zunehmender Größe der hinteren Zahnkränze ab (siehe Graphik).
- Falls man – bei einem Sportrad – vorne zwei Kettenblätter zur Verfügung hat, muß man auf eine ökonomische Kettenlinie achten. Die Kette darf nicht zu schräg verlaufen. Daher benutzt man mit dem (äußeren) großen Kettenblatt nur die drei bis vier unteren (äußeren) Zahnkranzritzel, mit dem (inneren) kleineren Kettenblatt nur die drei bis vier oberen (inneren) Zahnkranzritzel.

Im folgenden sollen einige Beispiele von **Standard-Zahnkränzen für verschiedene Radtypen** gegeben werden:
Bei der Zusammenstellung der Zahnkränze sollte man auch darauf achten, daß die gleichen Übersetzungen nicht zweimal vorkommen. So entspricht z. B. die Übersetzung 52/26 genau der Übersetzung 42/21, nämlich 4,27 m.
Bei der Standard-Übersetzung eines Sportrades von 52/42 – 14, 16, 18, 20, 23, 26 Zähnen würden die Gänge in folgender Reihenfolge von der kleinsten bis zur größten Übersetzung schalten:
Zunächst auf dem kleinen Kettenblatt: 42/26 (3,45 m) – 42/23 (3,90 m) – 42/20 (4,49 m) – 42/18 (4,99 m)
jetzt Wechsel auf das große Kettenblatt: 52/20 (5,56 m) – 52/18 (6,17 m) – 52/16 (6,95 m) – und 52/14 (7,44 m).
Von der theoretischen »12-Gang-Schaltung« benutzt man praktisch also nur höchstens acht Gänge

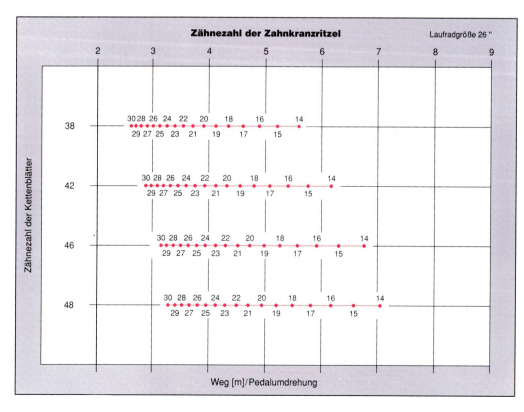

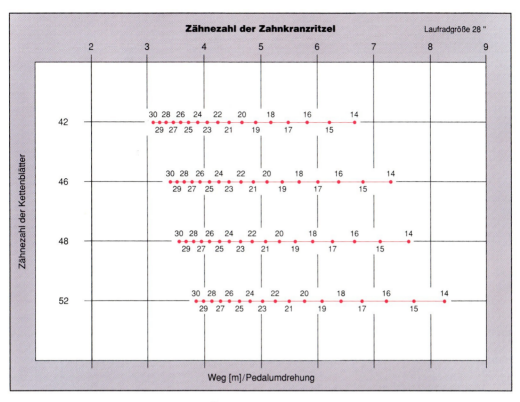

Zusammenhang zwischen verschiedenen Übersetzungen und der jeweils pro Pedalumdrehung zurückgelegten Wegstrecke in Metern für 28-Zoll-Laufräder (Tourenrad, Reiserad) und 26-Zoll-Laufräder (Mountain-Bike, kleineres Tourenrad): Mit zunehmender Zähnezahl der Zahnkranzritzel werden die Übersetzungsunterschiede immer kleiner. Die Abbildungen sind maßstabgerecht, so daß man sich durch Abmessen gleicher Abstände selbst seinen individuellen Zahnkranz zusammenstellen kann.

Einsatzbereich	Übersetzung	Kettenblätter	5fach-Zahnkranz	Kettenblätter	6fach-Zahnkranz	Kettenblätter	7fach-Zahnkranz
Tourenrad 26 oder 28 Zoll	normales Gelände	46	14, 16, 19, 23, 28	46	14, 16, 18, 20, 24, 28		
	bergiges Gelände	46	16, 18, 21, 25, 30	46	14, 16, 19, 22, 26, 30		
Sportrad 27 Zoll	normales Gelände	52/42	14, 16, 18, 22, 26	52/42	14, 16, 18, 20, 23, 26		
	bergiges Gelände	52/42	14, 16, 19, 24, 28	52/42	14, 16, 19, 22, 25, 28		
Mountain-Bike 26 Zoll						48/38/26	13, 15, 17, 20, 23, 26

und zwar in der oben angegebenen Reihenfolge. Meistens sind die beim Kauf bereits installierten Übersetzungen für die angestrebte optimale Tretfrequenz und das Tempo eines Tourenfahrers etwas zu hoch. Dies mag folgendes Beispiel beleuchten. Wenn man bei einer Geschwindigkeit von 20 km/h mit einer Tretgeschwindigkeit von 80 bis 90 Umdrehungen fahren möchte, dürfen pro Pedalumdrehung höchstens 4,16 bis 3,70 m zurückgelegt werden. Das entspricht folgenden Übersetzungen: Tourenrad, 26 Zoll: ca. 46/23 bis 46/25 Zähne; Sportrad, 27 Zoll: ca. 42/21 bis 42/24 Zähne; Tourenrad, 28 Zoll: ca. 46/24 bis 46/27 Zähne. Daher sollte man sich im Zweifelsfall eher die kleineren Übersetzungen aussuchen, um die Möglichkeiten des gesunden Radfahrens besser ausnutzen zu können.

Sicherheit durch gute Fahrtechnik

Eine gute Fahrtechnik ist sehr wichtig, weil die meisten Fahrradunfälle auf Unachtsamkeit, Mangel an Konzentration und zu geringe Beherrschung der Grundfertigkeiten auf dem Fahrrad zurückzuführen sind. Zunächst muß man lernen, das Gleichgewicht zu halten und sicher geradeaus zu fahren, auch wenn man schaltet, sich unterhält oder sich umschaut. Man muß sein Fahrrad sicher beherrschen lernen.

Richtiges Verhalten im Straßenverkehr

Etwa 88% der Fahrradunfälle ereignen sich in geschlossenen Ortschaften. Selbstverständlich müssen auch Radfahrer die Straßenverkehrsregeln beachten. Und sie sollten niemals vergessen, daß sie – auch wenn sie recht haben – zu den schwächeren Verkehrsteilnehmern gehören. Erfahrungsgemäß neigen Radfahrer zu einigen Fehlern, die im eigenen und im Interesse anderer vermieden werden sollten:

- Wenn man Recht hat, möchte man es behalten. Wenn man aber als Radfahrer die Vorfahrt erzwingt, landet man meistens im Krankenhaus, auch wenn man im Recht ist.
- Auch als Radfahrer muß man rote Ampeln beachten, auch wenn man nur rechts abbiegt.
- Man darf auf öffentlichen Straßen nicht nebeneinander fahren, weil es nicht erlaubt und obendrein gefährlich ist.
- Bei Einbruch der Dunkelheit sollte man rechtzeitig das Licht einschalten.
- Wenn Radwege vorhanden sind, muß man sie auch benutzen und zwar in der vorschriftsmäßigen Richtung. Immer auf rechts abbiegende Autos achten!
- Bei stehenden Autos kann plötzlich die linke oder rechte Tür aufgehen, weil jemand aussteigt und nicht an Radfahrer denkt. Daher sollte man, wenn man an parkenden Autos vorbeifährt, immer einen Blick auf evtl. Insassen werfen, die plötzlich aussteigen könnten.
- Beim Abbiegen genügt es nicht, sich auf Handzeichen zu beschränken. Man sollte sich rechtzeitig umschauen. Das Umschauen, ohne dabei von der geradlinigen Fahrspur abzuweichen, sollte man lernen.
- Immer den Straßenbelag beobachten. Oft schon gab es Stürze durch Kanaldeckel, Schlaglöcher und Fahrbahnkanten.
- Mit einem Walkman-Kopfhörer auf den Ohren gefährdet man sich und andere. Man kann damit nicht hundertprozentig verkehrssicher sein.
- Den Trip-Computer erst außerhalb geschlossener Ortschaften einschalten, wenn man es auf eine bestimmte Durchschnittsgeschwindigkeit abgesehen hat, weil man sonst dazu neigt, Straßenverkehrsregeln zu mißachten.

Bremstechnik

Hinterrad- und Vorderradbremse sollten zwar immer gleichzeitig betätigt werden – die Hinterradbremse jedoch um Bruchteile früher und etwas stärker. Wenn man stark bremsen muß, sollte man den Schwerpunkt des Körpers möglichst weit nach hinten verlagern. Bei Bergabfahrten empfiehlt es sich, mit Unterbrechungen zu bremsen, damit sich die Felgen – oder bei Rücktritt- und Trommelbremsen – die Naben nicht zu stark erhitzen. Bei Nässe läßt die Wirkung der Felgenbremsen nach. Daran muß man bei Regenwetter denken.

Kurventechnik

Bei jeder Kurve sollte man automatisch das kurveninnere Pedal anheben. Bei zunehmender Geschwindigkeit gelten folgende Naturgesetze:
- Die Zentrifugalkraft (Fliehkraft) ist um so größer, je mehr Mensch und Fahrrad zusammen wiegen.
- Die Zentrifugalkraft wächst mit dem Quadrat der Geschwindigkeit.
- Die Zentrifugalkraft ist umso größer, je stärker die Kurve gekrümmt ist.

Es gibt verschiedene Techniken, um diese Zentrifugalkräfte zu überwinden. Zunächst wird Fahrrad und Körper nach der Innenseite der Kurve geneigt, um ein

Position des Radfahrers in der Kurve: ① Der Rumpf hat die gleiche Schräglage wie das Fahrrad ② Der Rumpf ist mehr nach innen geneigt, das kurveninnere Bein ist herausgestellt.

Kurventechnik: Das kurveninnere Pedal anheben und sich der Zentrifugalkraft entgegenneigen.

Gegengewicht gegen die Zentrifugalkraft zu erzeugen, das noch vergrößert werden kann, indem der Rumpf zur Innenseite der Kurve gelegt und das kurveninnere Knie herausgestellt wird. Diese Bewegung des Knies sollte als Bewegungsreserve zurückbehalten werden für den Fall, daß man doch etwas zu schnell in die Kurve gegangen ist. Die maximale Neigung, die man mit dem Fahrrad auf trockenem Asphalt einnehmen kann, beträgt etwa 73°, bei Nässe weniger. In der Kurve sollte nicht gebremst werden, weil dadurch die Bodenhaftung verringert wird. Gebremst wird also am besten schon vor der Kurve. Auf Sand und Schotter auf der Straße ist Vorsicht am Platze, weil man dadurch wegrutschen kann. Erfahrungsgemäß wird die Fliehkraft in Kurven oft unterschätzt. Daher sollte man lieber langsamer in die Kurve gehen.

Technik des Bergfahrens

Bergauf kann man im Sitzen oder im Stehen fahren. Im Stehen fährt man im Wiegetritt, im Sitzen zieht man am Lenker. Bergab wird in einer mehr oder minder aerodynamischen Haltung gefahren.

Wiegetritt

Dabei geht der Fahrer aus dem Sattel und verlagert wechselweise das Körpergewicht jeweils auf das gestreckte Bein, wobei gleichzeitig mit dem entgegengesetzten Arm am Lenker gezogen wird, so daß das Fahrrad jeweils zur vom Bein nicht belasteten Seite gekippt. Der Rumpf bleibt dabei immer senkrecht.
In den Wiegetritt geht man vor allem bei steilen Anstiegen. Im Wiegetritt wird der ganze Körper athletisch beansprucht, vor allem auch Arme und Schultergürtel, Rücken-, Brust- und Bauchmuskulatur.

Bergauffahren im Sitzen

Man rutscht auf dem Sattel entweder weiter vor oder zurück, übt einen kräftigen Zug am Lenker aus und schiebt die Pedale betont nach vorne. Rechtzeitiges Zurückschalten in einen kleineren Gang erleichtert das Bergauffahren im Sitzen.

Bergabfahren

Die Hangabtriebskraft beschleunigt das Fahrrad beim Bergabfahren oft mehr als man glaubt. Je unerfahrener man ist, desto öfter sollte man bremsen. Wichtig ist, daß man auf bergigen Strecken auf jeden Fall mit Helm fährt. Die Kurven müssen mit einwandfreier Technik durchfahren werden, wobei die Geschwindigkeit durch gefühlvolles Bremsen an die Kurvenkrümmung angepaßt werden muß. Lieber etwas mehr bremsen als zu wenig!

Fahren am Hinterrad (Windschattenfahren)

Beim Radfahren muß man im wesentlichen drei Widerstandskräfte überwinden:
- Rollreibungskraft
- Hangabtriebskraft beim Bergauffahren
- Luftwiderstandskraft.

In der Ebene ist es vor allem die Luftwiderstandskraft – vor allem bei zunehmender Geschwindigkeit und Gegenwind – die man überwinden muß. Der Luftwiderstand wächst mit dem Quadrat der Geschwindigkeit. Man wird jedoch bald die Erfahrung machen, daß sich hinter jedem Radfahrer ein Raum befindet, in dem ein deutlich geringerer Luftwiderstand besteht. Dieser Raum wird als Windschatten bezeichnet. Im Windschatten spart man gegenüber dem Vorausfahrenden bis zu 40% und mehr an Leistung, bei Gegenwind natürlich noch deutlich mehr. Das ist Versuchung und Motiv genug, den Windschatten auszukosten – aber es ist nicht ganz ungefährlich, denn Fehler haben schon oft zu Stürzen und Unfällen geführt. Deswegen sollte man beim Hinterradfahren folgende zwei Vorsichtsmaßregeln beachten:
- Ausreichend Sicherheitsabstand nach vorne zum Hinterrad des Vordermannes halten, je ungeübter desto mehr (ca. 30 bis 50 cm).

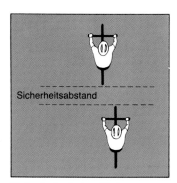

Sicherheitsabstand beim Hinterradfahren

- Zusätzlich einen seitlichen Abstand zum Hinterrad des Vordermannes halten (ca. 20 bis 30 cm), damit man bei unvorhersehbaren Bremsmanövern nicht auffährt.

Das Hinterradfahren erfordert ständige Aufmerksamkeit. Man sollte nicht starr vor sich hinsehen und träumen, sondern sollte seinen Blick immer wachsam und konzentriert auf das Hinterrad des Vordermannes und den Straßenbelag richten. Je müder und erschöpfter man ist, desto größer sollte der Sicherheitsabstand sein.

Fahren in der Gruppe
Bei Gruppenfahrten sollte man die Leistungsfähigkeit der einzelnen Mitfahrer berücksichtigen. Nicht der stärkste Fahrer, sondern der schwächste sollte das Tempo angeben. Auch sollte man die Radtypen der verschiedenen Teilnehmer beachten, weil Sport- und Rennräder viel leichter und schneller zu fahren sind als Tourenräder. Wegen des Windschattens ist es für schwächere Teilnehmer trotzdem oft leichter, wenn sie sich im hinteren Bereich der Gruppe aufhalten. Vor allem bei Gegenwind sollen sich die stärkeren Fahrer in der Führungsarbeit abwechseln. In größeren Gruppen darf man auch zu zweit nebeneinander fahren. Manchmal wird die Anordnung der in der Gruppe fahrenden Radfahrer auch durch die Windrichtung bestimmt. Auch Radsportler fahren in der Windrichtung gestaffelt hintereinander. Die Ablösung der Führungsarbeit erfolgt immer entgegen der Windrichtung. Wenn sich der Führende an das Ende der Gruppe zurückfallen läßt, um sich auszuruhen, kann man ihm als schwächerer Fahrer eine Lücke anbieten, damit er sich dort einreihen kann. So kann man sich allmählich an das gleichmäßige Tempo und die Gruppenarbeit gewöhnen.

Fahrtraining

Die Zivilisation hat uns Bequemlichkeit – aber auch Bewegungsmangel beschert. Da wir aber nach wie vor den Naturgesetzen vor dem Zeitalter der Zivilisation unterliegen, müssen wir – um nicht durch Anpassungsverluste schwächer und krank zu werden – das zur Erfüllung dieser Naturgesetze notwendige Bewegungsquantum klug und dosiert in unserer Freizeit aufbringen, damit alles wieder im Gleichgewicht ist. Ein sehr wichtiges Grundgesetz ist dabei das Prinzip der Bewußtheit, d. h., der Trainingseffekt ist deutlich größer, wenn man die Trainingsgesetze kennt und bewußt trainiert.

Trainingsgrundsätze und Trainingssteuerung

Die drei wichtigsten Grundregeln, aus denen sich auch Sinn und Begründung der einzelnen Trainingsmaßnahmen ableiten lassen, werden im folgenden zuerst aufgeführt:
1. Grundregel:
Struktur und Leistungsfähigkeit eines Organs werden bestimmt vom Erbgut sowie von der Qualität und Quantität seiner Beanspruchung.
2. Grundregel:
Der optimale Reiz für Entwicklung und Erhaltung des Herz-Kreislauf-Systems und des Stoffwechsels ist die dynamische Beanspruchung großer Muskelgruppen.
3. Grundregel:
Je intensiver innerhalb physiologischer Grenzen ein Organ gefordert wird, desto stärker paßt es sich an und desto widerstandsfähiger wird es.
Dabei gelten prinzipiell die gleichen Trainingsgesetze für den Breiten- und Gesundheitssportler wie für den Hochleistungssportler. Sie unterscheiden sich nur in Intensität, Umfang und Häufigkeit des Trainings. Die Qualität der Trainingsbelastung ist charakterisiert durch die im Vordergrund stehenden Hauptbeanspruchungsformen, nämlich Ausdauer, Kraft, Schnelligkeit, Koordination und Gelenkigkeit (Flexibilität). Die größte gesundheitliche Bedeutung hat dabei die Ausdauer – die geringste die Schnelligkeit. Neben der Ausdauer haben aber auch koordinative Fähigkeiten des zentralen Nervensystems, Gelenkigkeit und elastischer Zustand des Bewegungsapparates sowie ein optimaler Zustand der Skelettmuskulatur eine gewisse Bedeutung. Aus diesen Bausteinen kann man sich seine ganz persönliche Fitneß aufbauen. Wichtig ist es jedoch, Überforderungen zu vermeiden – und die gibt es weniger durch zu lange Dauer der Belastung als durch zu hohe Intensität. Es ist die Aufgabe der Trainingssteuerung, den bewegungsaktiven Menschen vor allem vor einer zu hohen Intensität zu bewahren. Allerdings muß – um Anpassungserscheinungen zu erreichen – eine gewisse Reizschwelle überschritten werden, um die Nachteile des Bewegungsmangels auszugleichen.
Merke: Der durch die zivilisationsbedingte Lebensweise entstandene Bewegungsmangel muß ausgeglichen werden. Unter Bewegungsmangel versteht man eine muskuläre Beanspruchung, die chronisch unter einer Reizschwelle liegt, deren Überschreitung not-

wendig ist, um die Funktionsfähigkeit des Organismus zu erhalten oder zu vergrößern. Die Reizschwelle, die man überschreiten muß, um Bewegungsmangelerscheinungen zu vermeiden, liegt bei einer gesunden Person durchschnittlicher Leistungsfähigkeit bei einer Beanspruchung von mehr als 30% der maximalen Kraft und bei etwa 50% der maximalen Kreislaufleistungsfähigkeit.

Superkompensation: Geheimnis der Leistungssteigerung

Ein richtig aufeinander abgestimmter Wechsel von Belastung, Ermüdung und Erholung führt zu einem Zustand erhöhter Leistungsfähigkeit, den man Superkompensation nennt, weil der durch die Ermüdung erzeugte Leistungsverlust nicht nur bis zum ursprünglichen Niveau kompensiert, sondern überkompensiert wird. Die Natur möchte gewissermaßen verhindern, daß der gleiche Reiz wieder zum gleichen Leistungsverlust führt, den

Zyklus der Superkompensation

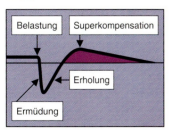

wir als Ermüdung empfinden. Ohne das Phänomen der Superkompensation wäre keine Leistungssteigerung möglich.

Um in den Genuß der Superkompensation zu gelangen, muß man durch eine entsprechende Belastung erst den Zustand der muskulären Ermüdung erzeugen. Sie erklärt sich durch den Verbrauch von Energiereserven, durch Verschiebungen im Mineralstoff- und Säure-Basen-Haushalt, mitunter auch durch Senkung des Blutzuckerspiegels, Anstieg der Pulsfrequenz und durch Ermüdung des zentralen Nervensystems. Im Zustand der Ermüdung ist die Leistungsfähigkeit vorübergehend herabgesetzt, die Bewegungen werden langsamer und unsicherer, die Reaktionszeit und die Reaktionsfähigkeit werden beeinträchtigt. Das sollte vor allem der Radfahrer wissen, wenn er im Straßenverkehr und in Gruppen fährt. Es gibt aber verschiedene Grade der Ermüdung, wobei im Zustand geringer bis mittlerer Ermüdung die Konzentrationsfähigkeit noch normal ist. Grenzbelastungen mit überstarker Ermüdung und Erschöpfung sollte man im Breiten- und Gesundheitssport vermeiden.

Wenn das Superkompensationsgesetz bekannt ist und beachtet wird, kann die Leistungsfähigkeit allmählich und anhaltend verbessert werden. Am besten ist es, wenn man durch die Belastung eine leichte bis mittlere Ermüdung erzeugt, die noch angenehm ist. Danach sollte allerdings dann die Erholungspause groß genug sein, um das Stadium der Superkompensation zu erreichen. Wenn dann auf dieses höhere Leistungsniveau ein neuer Belastungsreiz gesetzt wird, kommt es allmählich zu einer Leistungssteigerung.

Merke: Der Zyklus der Superkompensation ist die Grundlage jeder Leistungssteigerung.

Wenn der regelmäßige Wechsel von Belastung, Ermüdung, Erholung und Superkompensation Voraussetzung für die Anpassung der Organsysteme und eine Erhöhung der Leistungsfähigkeit sind, müssen die Trainingsreize so stark gestaltet werden, daß sie zu Ermüdung führen.

Merke: Die Trainingsbelastung muß reizwirksam sein. Die Reizwirksamkeit der Trainingsbelastung ergibt sich aus einer richtigen Kombination von Trainingsintensität (Reizintensität) und Trainingsumfang (Reizumfang). Die Phase erhöhter Leistungsfähigkeit, der Superkompensation, dauert aber nur zwei bis drei Tage. Dann sinkt sie wieder ab. Neue Trainingsreize sollten aber noch in die Phase der Superkompensation gesetzt werden.

Merke: Trainingsreize müssen häufig genug und regelmäßig erfolgen.

Genauso wichtig wie die Trainingsbelastung selbst ist der Erholungsprozeß, die Regeneration. Nur wenn man sich nach den Belastungen ausreichend erholt, gelangt man in den Zustand der Superkompensation. Die Länge der notwendigen Erholungszeit hängt davon ab, wie stark der Belastungsreiz individuell empfunden und wie gut die persönliche Erholungsfähigkeit ausgeprägt ist.

Merke: Wirksame Trainingsreize und Erholungszeit müssen individuell aufeinander abgestimmt werden.

Im folgenden sollen diese Grundsätze – Trainingsintensität und Trainingssteuerung, Trainingsumfang und Trainingshäufigkeit einschließlich der notwendigen Regeneration – etwas vertieft werden. Denn Übertreibungen im Trainingsprozeß führen zu Rückschlägen und möglicherweise auch zu gesundheitlichen Gefährdungen. Die Trainingsbelastungen müssen den individuellen körperlichen Voraussetzungen angepaßt werden. Sie sollen weder zu stark noch zu schwach sein.Sonst entspricht der Erfolg nicht der aufgewendeten Trainingsarbeit.

Trainingsuntensität
Fährt man mit dem Fahrrad 20 km in einer Stunde, so ist das durchaus ein übliches Tempo im Breiten- und Gesundheitssport. Fährt man die gleiche Strecke jedoch in einer halben Stunde – so ist das Hochleistungssport. Der Unterschied liegt also nicht in der Länge der Strecke – sondern im Tempo, der Intensität. Ganz allgemein neigen sporttreibende Menschen – auch Freizeitsportler – dazu, sich zu intensiv zu belasten. Man muß sie regelrecht bremsen. Die kritische Schwelle ist dort zu sehen, an der man in den Sauerstoffmangel gerät. Im Stoffwechsel können dann die Kohlenhydrate nicht mehr ausreichend mit Sauerstoff (aerob) abgebaut werden, so daß in einer Art Sackgasse unvollständig »verbrannter« Zucker in Form von Milchsäure angehäuft wird. Die moderne Trainingssteuerung beruht im wesentlichen darauf, diese erhöhten **Milchsäurewerte (Lactat)** zu messen.

Diese steigen bei zunehmender Belastungsintensität als Folge einer zunehmenden Energiebereitstellung ohne Sauerstoff (anaerobe Energiebereitstellung) an. Durch Ausdauertraining wird erreicht, daß die Milchsäurewerte mit zunehmendem Trainingszustand erst bei immer höheren Belastungen ansteigen. Zur Kennzeichnung der Ausdauerleistungsfähigkeit werden daher »Milchsäure-Schwellen) (Laktat-Schwellen) im Konzentrationsbereich zwischen 2 und 4 mmol/l im Blut herangezogen, ein Bereich, der als aerob-anaerober Übergang bezeichnet wird. Im Breiten- und Gesundheitssport sollte man möglichst nicht in diesen Bereich gelangen – und ihn keinesfalls überschreiten.

Da im Breiten- und Gesundheitssport Laktatbestimmungen zu aufwendig wären, kann man als Kompromiß auch die Zahl der **Herzschläge pro Minute** als Maß für die Intensität der Belastung heranziehen. Man kann den Puls an der Halsschlagader oder am Handgelenk zählen: Man zählt die Pulsschläge in 15 Sekunden und multipliziert den Wert mit 4, dann hat man die Herzschläge pro Minute. Da diese Manipulation während des Radfahrens etwas umständlich, andererseits die Kenntnis der Herzfrequenz recht nützlich ist, wäre, vor allem zu Beginn des Trainings, die Messung durch ein geeignetes Pulsmeßgerät (z. B. Pulsmaster®) zu empfehlen, bis man ein verläßliches Gefühl für diese Werte entwickelt hat.

Als Richtwert für gesunde Personen mittleren Alters

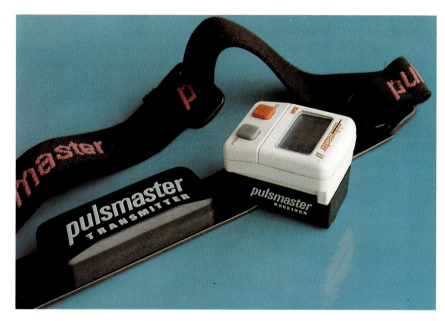

Ein Pulsmeßgerät (Pulsmaster®): Ein wichtiges Zubehör zur Trainingssteuerung

kann man folgende Formel angeben:
Optimale Trainingspulsfrequenz = 180 – Lebensalter (Jahre).

Demnach liegt die optimale Trainingspulsfrequenz für einen gesunden 50jährigen bei 180 – 50 = 130 Schlägen/Min. Man muß diese Werte jedoch auch in Zusammenhang mit dem Trainingsalter, dem Trainingszustand, der Trainingsaufgabe und der Belastungsdauer sehen. Für fortgeschrittene, ausdauertrainiertere Radfahrer kann auch die Formel:
190 – Lebensalter oder
200 – Lebensalter Anwendung finden (siehe auch Tabelle). Andererseits müssen Menschen, die Medikamente einnehmen, die den Puls beeinflussen, von niedrigeren Werten ausgehen, z. B. nach der Formel:
160 – Lebensalter oder
150 – Lebensalter. In diesem Fall sollte man die optimale Trainingspulsfrequenz nach einem Belastungstest beim Hausarzt festlegen. Trotzdem soll nochmals betont werden, daß jede Ausfahrt Freude machen soll. Daher muß die Steuerung der Belastungsintensität immer auch vom subjektiven Befinden ausgehen, das täglich wechseln kann. Wenn man sich gut fühlt, kann man die Belastung etwas höher, wenn man sich schlechter fühlt, muß man sie niedriger dosieren. Neben Herzfrequenz und subjektivem Befinden ist auch die **Atmung** eine wichtige Größe zur Steuerung der Trainingsintensität.

Man sollte sich im Breiten- und Gesundheitssport niemals so stark belasten, daß man verstärkt kurzatmig wird. Analog dem Slogan: »Laufen ohne zu Schnaufen« gilt auch »Radfahren ohne zu Schnaufen«, auf jeden Fall in einem Tempo, daß man noch einen normalen Satz zusammenhängend sprechen kann!
Nach den genannten Richtlinien kann man als Trainingsbausteine im Breiten- und Gesundheitssport etwa drei Intensitätsstufen voneinander abgrenzen.

Intensitätsstufe 1
Trainingsziel:
Aktive Erholung (regeneratives Training), Schulung des rundes Trittes, Training des Fettstoffwechsels (Grundlagenausdauer).

Zusammenhang zwischen Trainings-Intensitätsstufe, maximaler Leistungsfähigkeit (in % der maximalen Sauerstoffaufnahmefähigkeit) und Trainings-Pulsfrequenz in Abhängigkeit vom Lebensalter.

Intensitätsstufe	Max. Sauerstoffaufnahme (in %)	Trainingsherzfrequenz (Schläge/Min.) LA = Lebensalter	Beispiele verschiedener Lebensjahre Trainingsfrequenz				
			20 J.	30 J.	40 J.	50 J.	60 J.
I	40–60	160 ./. LA	140	130	120	110	100
II	60–70	170 ./. LA	150	140	130	120	110
III	70–80	180 ./. LA	160	150	140	130	120

Intensität:
Man fährt mit nur etwa 30 bis 50% seiner Leistungsfähigkeit. Dabei kann man sich gut unterhalten und mehrere Sätze im Zusammenhang sprechen. Die Atmung ist ruhig. Herzfrequenz etwa 160 – Lebensalter. Die Fahrgeschwindigkeit, je nach Trainingszustand, etwa 10 bis 15 km/h.
Subjektives Gefühl:
Man fühlt sich frei und locker, genießt die sauerstoffreiche Luft und den lockeren runden Tritt. Man ist gelöst und unterhält sich gerne. Man hat Zeit, die Gegend auf sich wirken zu lassen.

Intensitätsstufe 2
Trainingsziel:
Training der Grundlagenausdauer und des Fettstoffwechsels. Schulung des Bewegungsablaufes, runder Tritt, hohe Tretfrequenz, kleine Gänge.
Intensität:
Etwa 50 bis 60% der Leistungsfähigkeit. Die Atmung ist leicht beschleunigt. Man kann aber noch längere Sätze ohne Atemnot sprechen. Trainingsherzfrequenz etwa 170 – Lebensalter. Die Fahrgeschwindigkeit je nach Trainingszustand etwa 12 bis 18 km/h.
Subjektives Gefühl:
Etwas schneller als Stufe I, Gefühl eines erhöhten Tempos, aber nicht unangenehm. Man fühlt sich frei, schaut sich die Gegend an, unterhält sich noch ohne Schwierigkeiten. Atmung und Herzschlag kaum spürbar.

Intensitätsstufe 3
Trainingsziel:
Intensiveres Ausdauertraining, Ausbildung einer gewissen Tempohärte und Willensschulung. Der Energiestoffwechsel arbeitet teils mit dem Fett- und teils mit dem Kohlenhydratstoffwechsel. Muskelglykogen wird verbraucht. Aber noch keine wesentliche Milchsäurebildung, Training noch sicher im aeroben, sauerstoffreichen Bereich. Training der Sauerstoffaufnahmefähigkeit, des Fett- und Kohlenhydratstoffwechsels.
Intensität:
Etwa 60 bis 75% der Leistungsfähigkeit. Die Atmung

Zusammenhang zwischen Ausdauertrainingsmethoden und Trainings-Intensitätsstufen

Trainingsmethoden	Trainingsinhalte	Intensitätsbereiche
Dauerleistungsmethode	gleichmäßiges Tempo über lange Strecken	I–III
	leichter Tempowechsel oder Fahrtspiel je nach Gelände	II–III
Intervallmethode	Langzeitintervalle (über 10 Minuten)	IV
	Mittelzeitintervalle (2 bis 10 Minuten)	V
	Kurzzeitintervalle (45 Sekunden bis 2 Minuten)	VI
Wiederholungsmethode	Tempofahrten mit Wettkampfgeschwindigkeit oder schneller	VI

ist spürbar beschleunigt, so daß man nur noch kurze Sätze ohne Atemnot sprechen kann. Trainingsherzfrequenz etwa 180 – Lebensalter. Die Fahrgeschwindigkeit je nach Trainingszustand etwa 15 bis 25 km/h. Kleine bis mittlere Übersetzungen.

Subjektives Gefühl:
Gefühl eines intensiveren Trainings, spürbar beschleunigte Atmung, aber noch nicht unangenehm. Erhöhte Konzentration für Leistungsentfaltung notwendig, Gesichtskreis etwas eingeengt. Die Landschaft wird aber noch wahrgenommen. Die Möglichkeit der Unterhaltung wird freiwillig etwas eingeschränkt.
Merke: Höhere Intensitätsstufen sind im Breiten- und Gesundheitssport nicht empfehlenswert.

Trainingsumfang
Eine Steigerung des Trainingsumfanges (Verlängerung von Fahrstrecke und/oder Fahrzeit) ist für die Gesundheit viel nützlicher als eine Steigerung der Trainingsintensität, also des Tempos. Trotzdem genügen am Anfang etwa 5 bis 10 km, um Kreislauf und Stoffwechsel anzuregen. Das Optimum erreicht man bereits bei einer Dauer von 30 bis 40 Minuten. Längere Strecken, die über ein bis zwei Stunden hinausgehen – z. B. Ausflüge am Wochenende – trainieren besonders die Langzeitausdauer, Sauerstoffaufnahme und den Fettstoffwechsel. Eine Verbesserung der Leistungsfähigkeit sollte sich zuerst in einer Verlängerung der Fahrstrecke – und dann erst in einem erhöhten Fahrtempo niederschlagen.
Merke: Längere Strecken langsam zu fahren, ist gesünder als kurze Strecken schnell. Bei Zunahme der Leistungsfähigkeit erst den Umfang (Streckenlänge) und dann die Intensität (Tempo) steigern.
Die richtige Kombination von Streckenlänge und Fahrtempo sollte zu einer angenehm empfundenen, wohligen Ermüdung führen. Eine Steigerung der Trainingsbelastung soll nach dem Prinzip der Allmählichkeit erfolgen.

Trainingshäufigkeit
Wer nur mit Unterbrechungen von Wochen und Monaten ab und zu trainiert, wird keine erkennbare Leistungsverbesserung erreichen. Aber auch wer zu Übertreibungen neigt und zu dicht hintereinander trainiert, muß nicht unbedingt so leistungsfähig werden, wie er vielleicht aufgrund seiner großen Anstrengungen erwartet. Die Reize dürfen also entweder in zu großen Abständen, noch zu dicht aufeinander folgen. Die mögliche Reizdichte hängt von der Belastbarkeit, dem Trainingszustand und der Fähigkeit zur Erholung ab. Daher empfiehlt es sich, im Breiten- und Gesundheitssport drei- bis viermal pro Woche zu trainieren, während Hochleistungssportler zwei bis drei Trainingsreize pro Tag setzen können. Je häufiger man trainiert, desto schneller erreicht man sein Leistungsziel. Voraussetzung vor jeder trainingswirksamen Belastung ist die vollständige Erholung. Das Verhältnis von Belastung und Erholung ist bei jedem Menschen unterschiedlich. Man spricht vom Prinzip der Individualität der Trainingsbelastung. Die Erholungsfähigkeit wird verbessrt, wenn man sein Training richtig dosiert und plant, die Ernährung bedarfsgerecht gestaltet, ausreichend schläft und sportgerecht lebt. Auch zusätzliche Massagen, Bäder und Sauna-Besuche fördern die Regeneration.

Trainingsmethoden
Der Gesundheitsradfahrer kommt mit einer einzigen Trainingsmethode aus, nämlich der Dauerleistungsmethode. Sie ist die gesundheitlich wirksamste Trainingsform. Leistungsbetonte Freizeitsportler werden sich für eine Leistungssteigerung durch zusätzliche Trainingsmethoden interessieren, die Wiederholungs- und die Intervallmethode.

Dauerleistungsmethode
Auch durch neuere Untersuchungen hat sich die Überlegenheit der kontinuierlichen Dauerbelastungen mit geringer bis mittlere Intensität bestätigt. Sie schult die Grundlagenausdauer, den Bewegungsablauf, die psychische Gewöhnung an ein gleichmäßiges Tempo über eine längere Strecke. Sie bedeutet ein schonendes Stoffwechseltraining vor allem des Fettstoffwechsels und eine Verbesserung der Sauerstoffaufnahme. Das Optimum der Belastungsdauer liegt bei 30 bis 40 Minuten oder mehr. Dabei werden kleine bis mittlere Übersetzungen mit hoher Tretgeschwindigkeit gefahren. In bergigem Gelände ist auch ein leichter Tempowechsel angezeigt. Diese Methode wird auch **»Fahrtspiel«** genannt. Dabei sollte man die oben angegebenen Intensitätsbereiche nicht überschreiten. Sie ist die Haupttrainingsmethode für den Gesundheits- und Breitensportler, weil sie zu allen gesundheitlich wichtigen Anpassungen führt.

Wiederholungsmethode
Bei dieser Methode werden Streckenabschnitte von 1 bis 5 km mit höherer Intensität (Trainingsherzfrequenz ca. 200 – Lebensalter) zurückgelegt. Danach werden Pausen von mehreren Minuten bis zur Erholung eingelegt. Wenn der Puls wieder unter 90 Schläge/min beträgt, wird erneut der gleiche Streckenabschnitt mit gleicher Geschwindigkeit gefahren. Diese Methode ist bereits leistungsorientiert. Sie dient der Steigerung der Schnelligkeits- und Kraftausdauer und dient vor allem dazu, sich an ein höheres Fahrtempo zu gewöhnen.

Intervallmethode
Sie wird als Spezialtrainingsmethode von erfahrenen Radsportlern eingesetzt, um eine schnelle Leistungssteigerung – z. B. nach Trainingspausen und Krankheit – zu erreichen. Diese Methode setzt vollkommene Gesundheit, gute Belastbarkeit und einen gewissen Trainingszustand voraus. Für Menschen mit gesundheitlichen Problemen ist sie nicht geeignet. Die Intervallmethode hat ihren Namen dadurch bekommen, weil es auf die Pause, das Intervall, ankommt, in der durch eine vermehrte Herzfüllung vor allem eine Herzvergrößerung angeregt wird. Das Prinzip besteht darin, eine kurze, mittlere oder längere Strecke mit hoher Intensität zu fahren (Trainingsherzfrequenz ca. 210 – Lebensalter). Danach wird die Pause nur so lang bemessen, bis man bei einer Pulsfrequenz von 120 bis 130 Schlägen/Min. im Zustand der unvollständigen Erholung einen erneuten gleich großen Trainingsreiz setzt.

Merke: Die wichtigste Ausdauer-Trainingsmethode von größtem gesundheitlichen Wert im Breiten- und Gesundheitssport ist die Dauerleistungsmethode (Variation: Fahrtspiel).

Trainingspraxis und Trainingspläne

Eigentlich haben wir nun genügend Kenntnisse gesammelt, um selbst das eigene Training gestalten zu können. Denn die Richtlinien sind einfach, um das Ziel »Gesundheit« zu erreichen. Trotzdem sind noch einige Dinge zu beachten, wenn man sich aus dem Zustand der Bewegungsarmut in einen bewegungsaktiveren Menschen verwandeln möchte. Wie man vor einer längeren Reise das Auto vorbereitet und zum Kundendienst bringt oder das Fahrrad reisefertig macht und putzt und nach Materialdefekten absucht – so sollte man auch den eigenen Körper fit machen, damit man ihn nicht gefährdet. Denn einige Jahre oder gar Jahrzehnte unter dem Einfluß der Zivilisation können zu empfindlichen Schwachpunkten geführt haben, die sich unmerklich einschleichen wie ein Dieb in der Nacht.

Am Anfang: die ärztliche Untersuchung

Schon ab einem Lebensalter von 30 Jahren sollte man diese Gesundheitsuntersuchung durchführen und zwar beim Hausarzt. Denn er kennt einen am besten und längsten. Neben der körperlichen Untersuchung mit Blutdruckmessung, sollte das Risikoprofil im seelischen Verhalten (Streß, Ärger, Aggressivität u. a.) und im Stoffwechsel (Cholesterin, Neutralfette, Harnsäure, Blutzucker, Leber- und Nierenwerte, Blutbild) untersucht werden. Auch die Beurteilung der Lebensweise (Rauchen, Alkohol, Ernährung) ist von großer Bedeutung. Alle Formen des hohen Blutdrucks sollten zuvor medikamentös eingestellt werden. Mit dem Hinweis auf die geplante körperliche Aktivität sollten Medikamente, die die Energiefreisetzung (vor allem im Fettstoffwechsel) hemmen (z. B. Beta-Blocker), möglichst zugunsten anderer stoffwechselneutraler Medikamente ausgetauscht werden. Bestimmte Medikamente beeinflussen auch die Herzfrequenz (Beta-Blocker u. a.), so daß die üblicherweise angegebenen Trainingspulsfrequenzen dann niedriger anzusetzen sind. Ein abschließender Belastungstest auf dem Fahrradergometer gibt Aufschluß über die Belastbarkeit und über die anzustrebende Trainingspulsfrequenz. In regelmäßigen Abständen (6 bis 12 Monate) wiederholte Ergometertests können die Zunahme der Leistungsfähigkeit dokumentieren.

Wenn man gesund ist, kann man sein Leistungsvermögen auch in einem persönlichen Belastungstest auf einer windgeschützten Strecke von etwa 5 km testen. Man fährt diese Strecke mit der individuellen optimalen Trainingspulsfrequenz – wenn man Erfahrung hat auch nach Gefühl. Gemessene Zeit und Durchschnittsgeschwindigkeit sind ein relativ guter Maßstab für die augenblickliche Ausdauerleistungsfähigkeit. Man kann diese Aufzeichnungen mit dem Arzt besprechen und das weitere Trainingsprogramm aufgrund dieser Ergebnisse ausarbeiten.

Gewöhnungstraining für Anfänger

Für Anfänger ist zunächst ein gewisses Gewöhnungstraining erforderlich, um zunächst die Sitzposition, das Sitzen auf dem Sattel und den Fahrstil zu erlernen. Dazu genügen schon 8 bis 10 km etwa in einer Fahrzeit von einer halben Stunde. Man sollte dabei auch die Übersetzung überprüfen, das Schalten üben, die Fahrsicherheit schulen und mit dem Fahrrad insgesamt vertraut werden.

Danach kann man mit dem regelmäßigen Trainieren beginnen. Zunächst reicht es aus, am Wochenende und während der Woche jeweils eine halbe Stunde zu fahren. Die Intensität sollte so hoch gewählt werden, daß während der Fahrt immer wieder Abschnitte von zwei bis drei Minuten eingeschaltet werden, in denen die optimale Trainingspulsfrequenz (siehe Tabelle Seite 106) erreicht wird. Man fährt mit betont kleinen Gängen und einer Tretfrequenz von 80 bis 100 Umdrehungen/Min. Auch ein regelmäßiges sportliches Radfahren zweimal pro Woche über etwa eine Stunde stellt eine ausreichende Belastung dar. Dadurch wird bereits die Ausdauer entwickelt und das körperliche Wohlbefinden gesteigert. Wer nicht gerne alleine fährt, sollte sich Gesellschaft – Familie, Nachbarn, Freunde – suchen, um die Freude am Radfahren zu steigern. Die Fahrstrecke sollte abwechslungsreich auf verkehrsarmen Straßen und Wegen erfolgen. Mit fortschreitender Trainingserfahrung werden die Abschnitte unter Einhaltung der optimalen Trainingspulsfrequenz immer länger und häufiger, so daß man nach etwa zehn bis zwölf Wochen folgendes einfaches Programm erreicht hat:

1. 5 Minuten warmfahren
2. 55 bis 30 Minuten Trainingstempo mit der optimalen Trainingspulsfrequenz
3. 10 Minuten ausradeln.

Früher sportlich aktive Menschen werden an sich den sog. »Memory-Effekt« erfahren: Der Körper erinnert sich an seine frühere Leistungsfähigkeit und adaptiert sich schneller an die Trainingsbelastungen als ein früher untrainierter Organismus. Vorsichtig sollte man aber dann sein, wenn einem die Zivilisation bereits mit Risikofaktoren versehen hat, z. B. hoher Blutdruck, Herzkranzgefäßverengung. Eine weitere Steigerung der Belastung stellt dann das tägliche Training dar, z. B. die regelmäßige Fahrt zur Arbeitsstelle oder tägliche Spazierfahrten. Danach kann man Variationen im Tempo, der Intensität, vorsichtig einbauen, etwa so wie der berühmte Lauftrainer Lydiard es formuliert hat: »One day hard, one day easy«, d. h. einen Tag härter, den anderen Tag leichter trainieren. Schließlich kann man Tagestouren oder Radwanderungen planen, die sogar Anfänger auf 30 bis 40 km ansetzen können. Dazu braucht man weder großes Gepäck, noch besondere Vorbereitungen (aber doch Werkzeug, Flickzeug und Luftpumpe). Gerade Gruppenfahrten können zu unvergeßlichen Erlebnissen werden, so daß man sie gerne zur regelmäßigen Gewohnheit werden läßt. Übrigens: Sitzbeschwerden auf dem Sattel verschwinden im Laufe der Zeit von selbst. Auch die Sitzfläche ist anpassungsfähig.

Radfahrtraining für Fortgeschrittene

Man muß es selbst erlebt haben, dieses Gefühl, durch regelmäßiges Radfahren von Jahr zu Jahr immer leistungsfähiger zu werden – anstatt wie früher sich immer älter vorzukommen, weil die Leistung durch Trainingsmangel abgenommen hat. Man schob es auf das »Alter«, und jetzt kommt plötzlich die »Jugend« wieder. Dieses Gefühl begeistert viele so, daß sie zu Übertreibungen neigen. Grundlage für diese Effekte ist aber zunächst ein regelmäßiges, ganzjährigs Training. Die Belastungen müssen jeweils lange genug dauern, je Trainingseinheit mindestens 30 bis 60 Minuten, wobei etwa 12 bis 25 km zurückgelegt werden. Folgendes einfaches Trainingsprogramm wäre ausreichend:

1. 5 bis 15 Minuten warmfahren
2. 40 bis 60 Minuten Trainingstempo mit optimaler Trainingspulsfrequenz
3. 10 Minuten ausradeln.

Um die Trainingsreize abwechselnd zu gestalten und in ihrer Wirksamkeit zu erhöhen, sollte man auf folgende Weise vorgehen:

Zusammenhang zwischen Ruhe-Pulsfrequenz, Trainings-Pulsfrequenz und Lebensalter (nach H. Roesch und Mit., 1990). Die Tabelle gilt als Orientierungshilfe für Anfänger. Für Trainierte können die Pulsfrequenzen ca. 5 bis 10 Schläge pro Minute höher .

Programm	Woche	Belastungsdauer	Phasen unter Einhaltung der Trainingspulsfrequenz
Anfänger	1–4	20–30 Min.	2–3 Min.
⇩	5	30 Min.	2–5 Min.
⇩	6	30 Min.	5 Min. und mehr
⇩	7	30 Min. und mehr	5 Min. Einfahren 15 Min. Trainingstempo 10 Min. Ausradeln
⇩ ⇩	12	45 Min. und mehr	5 Min. Einfahren 25–30 Min. Trainingstempo 10 Min. Ausradeln
Fortgeschrittene	30	bis zu 90 Min. und mehr	5–15 Min. Einfahren ca. 50 Min. Trainingstempo 25 Min. Ausradeln

1. Zunächst den Trainingsumfang (Strecke) erhöhen.
2. Dann die Intensität (Tempo) an die gestiegene Leistungsfähigkeit anpassen.
3. Die Reizdichte erhöhen, bis hin zum täglichen Training.
4. Auswahl zunehmend schwieriger Strecken.

Immer sollte eine Belastungssteigerung ganz allmählich und planmäßig erfolgen. Inzwischen gibt es genügend leistungsorientierte Freizeit-Radfahrer, die fast täglich bei jedem Wetter und ganzjährig trainieren. Sie legen mehrere 1000 Kilometer pro Jahr zurück. Die Grenze ist hier ganz individuell – wer möchte sie festlegen? Hauptsache ist, daß es Spaß macht und das Leben bereichert.

Merke: Gesundheitlich ausreichend ist ein dreimaliges Training pro Woche (Minimalprogramm). Doch das tägliche Training stärkt Gesundheit und Leistungsfähigkeit am besten (Optimalprogramm).

Ausgleichsgymnastik für Radfahrer

Man sieht es den Menschen an, wenn sie regelmäßig Gymnastik treiben. Denn der Mensch ist nicht nur so jung wie seine Gefäße, sondern vor allem auch wie seine Gelenke. Nicht umsonst setzt man Alter mit einer

Beispiel für wechselnde Trainingsaufgaben im Wochentrainingsplan eines leistungsorientierten Freizeitradsportlers

Montag	regeneratives Training (aktive Erholung): mittlerer Umfang, geringe Intensität, Technikschulung.
Dienstag	intensives Dauertraining mit Langzeitintervallen: Training von Grundlagenausdauer, Kraftausdauer und Schnelligkeit.
Mittwoch	Grundlagenausdauer-Training: hoher Trainingsumfang, geringe Intensität, Technikschulung.
Donnerstag	intensives Dauertraining mit Schnelligkeitstraining: hoher Umfang, hohe Intensität, Langzeit- und Mittelzeitintervalle, mittlere Gänge mit hoher Tretgeschwindigkeit
Freitag	regeneratives Training (aktive Erholung): hoher Umfang, geringe Intensität, Technikschulung.
Samstag	Grundlagenausdauertraining mit Kraftausdauertraining: mittlerer Umfang, hohe Intensität, mittlere bis große Übersetzungen, hohe Tretfrequenz.
Sonntag	intensives Dauertraining: hoher Umfang, hohe Intensität.

Bildbeschreibungen für folgende Doppelseite

Ausgleichsgymnastik für Radfahrer von Kopf bis Fuß:

① Leichtes und lockeres Kopfkreisen

② Schulterkreisen vorwärts und rückwärts

③ Armkreisen vorwärts und rückwärts

④ Seitbeugen rechts und links

⑤ Rumpfdrehbeugen vorwärts nach rechts und links

⑥ Rumpfdrehbeugen rückwärts nach rechts und links

⑦ Rumpfbeugen vorwärts im weiten Grätschstand, die Hände umfassen die Fußgelenke, Kopf in den Nacken, Kreuz dehnen

⑧ Rumpfbeugen vorwärts im weiten Grätschstand, Kopf in den Nacken, Kreuz dehnen

⑨ Bauchmuskeldrehübungen: Rechter Ellbogen zum linken Knie und umgekehrt

⑩ Im weiten Grätschstand Beine abwechselnd beugen

⑪ Lockeres Fußkreisen rechts und links

⑫ Liegestütz, Arme beugen und strecken

gewissen Starre und Unbeweglichkeit gleich, besonders im Bereich der Wirbelsäule. Man kann sich vorstellen, daß der freie Fluß der Nervenenergie durch Einengung der Zwischenwirbellöcher gestört sein kann. Die Jugendlichkeit und Flexibilität der Wirbelsäule ist eine wichtige Voraussetzung für Vitalität und Gesundheit! Nach der Ausdauer ist die Gelenkigkeit (Flexibilität) auch gesundheitlich sehr wichtig. Man versteht darunter den willkürlich möglichen Bewegungsbereich in einem oder mehreren Gelenken. Flexibilität hat auch eine große Bedeutung in zahlreichen Sportarten, als Vorbeugung gegen Verletzungen, zur Verbesserung der Atmung und auch im Alltagsleben. Es geht insbesondere darum, die normale Beweglichkeit der Gelenke zu erhalten und darüber hinaus Bewegungsreserven zu schaffen. Wer bei bestimmten Bewegungsabläufen noch über Bewegungsreserven verfügt, kann sich viel lockerer und ökonomischer bewegen. Radfahrer sollten besonders eine Ausgleichsgymnastik im Bereich der Wirbelsäule (Lenden-, Brust-, Halswirbelsäule) und der Fußgelenke anstreben sowie die Dehnungsfähigkeit der Beinmuskulatur verbessern. Diese Ausgleichsgymnastik sollte jeden Morgen vor dem Aufstehen ausgeführt werden. Das ganze Programm dauert nicht mehr als 10–15 Minuten – bringt aber bei täglicher Übung sehr viel.

Ausgleichs-Krafttraining für Radfahrer
Radfahren trainiert vor allem die Beinmuskulatur, wobei sich eine Umwandlung in den Ausdauerfasern vollzieht. Diese sollte man nicht durch ein einseitiges Krafttraining stören. Aber es gibt darüber hinaus genügend Schwachpunkte, die man durch ein gezieltes Krafttraining ausmerzen sollte, nämlich im Bereich der Arm-, Schulter-, Brust- und Rücken- und Bauchmuskulatur. Um die Qualität seiner Muskulatur zu verbessern, braucht man nicht mehr als dreimal 30 Minuten Krafttraining pro Woche. Wenn man seinen körperlichen Zustand auf diese Weise verbessert hat und ihn nur noch erhalten will, genügt es, dieses 30-Minuten-Training nur jede Woche einmal oder alle zwei Wochen einmal durchzuführen. Man braucht dazu keine Spezialgeräte und kein Fitneßstudio. Man kann dies sehr gut durch eine kraftvolle Gymnastik oder mit zwei Zwillingshanteln auch zu Hause durchführen. Ohne entsprechende Beanspruchung schwindet vom 20. bis 70. Lebensjahr fast die Hälfte der gesamten Skelettmuskulatur. Dem sollte man auch im Sinne der Gesundheit aktiv entgegenwirken – durch ein gezieltes Kraft-Ausgleichstraining. Damit kann man den Muskelabbau aufhalten.

Der Jahresplan
Kein Hochleistungssportler trainiert jeden Tag dasselbe. Ein Trainingsgrundsatz heißt »nur der Mittelmäßige kann ständig in Hochform sein«. Daher teilt man das Trainingsjahr in bestimmte Abschnitte ein:
1. Vorbereitungsperiode Wintertraining (November bis Februar) Frühjahrstraining (März, April)
2. Hochleistungsperiode (April bis September)
3. Übergangsperiode (Oktober)

Die Periodisierung des Trainingsprozesses ermöglicht es dem Hochleistungssportler gezielte Leistungshöhepunkte zu setzen. Dies mag – in gemäßigter Form – auch für den Breiten- und Gesundheitssportler zutreffen. Die aktivere Phase trifft in die Jahreszeiten mit schönem Wetter, während man sich im Winter sozusagen in den Winterschlaf begibt. Da jedoch ein wichtiges Trainingsprinzip Regelmäßigkeit und Ganzjährigkeit ist, sollte man den Nutzen, den man durch die aktive Lebensweise im Sommer erreicht hat, nicht durch längere Abschnitte der Untätigkeit wieder ver-

Trainingshinweise für eine Woche Wintertraining

Trainingsmittel	Trainingsziel	Hinweise zur Durchführung	Häufigkeit pro Woche
Radfahren (Straßentraining)	aerobe Grundlagenausdauer, runder Tritt Technikertraining	ca. ½–1 Stunde nach Witterung, warme Kleidung	1–2mal
Ergometer (Hometrainer)	aerobe Grundlagenausdauer runder Tritt	ca. 30–40 Minuten hohe Tretfrequenz	2–3mal
Waldlauf	aerobe Grundlagenausdauer	ca. 30–40 Minuten	2–3mal
Circuittraining	allgemeine Kondition	ca. 1 Stunde	1mal
Krafttraining	Ausgleichs-Krafttraining für Bauch-, Rücken-, Schulter- u. Brustmuskulatur	geringe Gewichte bzw. Widerstände, keine Überkopfarbeit je 10–20 Wiederholungen	1mal

schenken. Denn die Anpassungen bilden sich im Stadium der Bewegungsarmut leider wieder zurück. Wenn auch Radfahren der Anfang erneuter körperlicher Aktivität und die Lieblings-Sportform ist, sollte man doch Ersatzsportarten – Skilanglauf, Waldlauf, Schwimmen u. a. – betreiben, um die erzielten Anpassungserscheinungen zu erhalten. Wichtig ist in Zeiten der Trägheit, sich die Richtlinien klar zu machen, die für jede Sportart das ganze Jahr über gelten. Daher seien sie hier nochmals zusammengefaßt:

Minimal- und Optimaltrainingsprogramm
- Es muß sich um eine dynamische Beanspruchung großer Muskelgruppen handeln, was außer durch Radfahren z. B. durch Dauerlauf, Skiwandern, Bergwandern, Schwimmen, Tanzen u. a. erreicht wird.
- Die Belastungsdauer sollte ohne Unterbrechung bei täglichem Training mindestens 10 Minuten betragen. Das gesundheitliche Optimum liegt in einer Größenordnung von 30 bis 40 Minuten, wobei eine Trainingshäufigkeit von drei- bis viermal pro Woche ausreicht.
- Die Belastungsintensität sollte mindestens 50% der maximalen Kreislaufleistungsfähigkeit betragen, besser noch 60 bis 70%. Als optimale Trainingspulsfrequenz gilt dabei: 180 – Lebensjahre.

Eine gute Möglichkeit im Winter und bei schlechtem Wetter radsportspezifisch trainieren zu können, ist das Training auf dem Hometrainer (siehe nächstes Kapitel). Für ein optimales Wintertraining hat sich eine Mischung aus Radfahren (Straße und Hometrainer), Waldlauf, Circuit-Training und Krafttraining bewährt. Auch ist es eine gute Idee, nach überstandenem Winter den Resturlaub in südlichen Ländern zu verbringen, um dort bei schönem Wetter in angenehmer Umgebung die ersten Trainingskilometer herunterzuspulen. Wenn man auf diese Weise das Jahr als aktiver und bewußt lebender Radfahrer gestaltet, wird man die Jahreszeiten und das ganze Leben viel intensiver empfinden und dadurch nebenbei auch an Lebensqualität gewinnen. Aber auch in heimischer Gegend kann man im Frühjahr etwa im März bei wärmeren Sonnentagen erste längere Ausfahrten bis zu einer Stunde unternehmen.

Ab April kann man etwa zweimal in der Woche je eine halbe bis eine Stunde und am Wochenende ein bis zwei Stunden trainieren. Im Sommer können dann die Streckenlängen größer werden, vor allem am Wochenende, aber nicht so sehr die Belastungsintensität. Der wichtigste reizwirksame Faktor ist die Belastungsdauer. Auch ist es sehr zu empfehlen, das Fahrrad mit in den Urlaub zu nehmen. Man sieht immer mehr Urlauber, die auf einem Dachständer ihre Fahrräder mitnehmen. Denn aktiver Urlaub ist viel gesünder als passives Liegen an überfüllten Stränden. Wer jedoch keine Zeit fand, während des Jahres sich auf den Urlaub mit dem Fahrrad vorzubereiten, sollte mit dem oben beschriebenen »Gewöhnungstraining« beginnen. In der ersten Woche könnte man jeden zweiten Tag 10 bis 15 km fahren. In der zweiten Woche kann man die Strecke bis auf 20 km jeden zweiten Tag verlängern und am Ende des Urlaubs kann man ruhig auch bis zu 30 km fahren. Auch Radwanderungen bis 50 km oder mehr an einem Tag können die Urlaubsgegend viel näher bringen. Und gerade im Urlaub muß die Leitlinie sein: Langsam, lange und mit Genuß radfahren bringt die besten Ergebnisse!

Training auf dem Hometrainer

Wenn man wüßte, mit wie wenig Aufwand man sich auf dem Hometrainer – dem Heimtrainingsfahrrad – fit halten kann, würden viel mehr Menschen diese Gelegenheit wahrnehmen. Bereits zehn Minuten tägliches Training mit richtig dosierter Belastung genügen, den Fitneßzustand meßbar zu steigern. Heimtrainingsfahrräder bieten eine völlig ungefährliche und gesunde Möglichkeit, sich noch dazu in den eigenen vier Wänden körperlich zu belasten. Viele Patienten mit Herz-Kreislauf-Beschwerden und Erkrankungen der Atemwege können auf diese Weise ein schonendes Ausdauertraining absolvieren, um ihren gesamten körperlichen Zustand zu verbessern. Auch nach Verletzungen und Operationen ist es frühzeitig möglich, sich auf dem Hometrainer dosiert zu belasten und schneller wieder fit für den Alltag zu werden. Auch Menschen mit gewissen Behinderungen – z. B. Sehschwächen, Erblindung, Gehbehinderungen, Schwerhörigkeit, Gleichgewichtsstörung u. a. – die es nicht wagen, mit dem Fahrrad im Straßenverkehr zu fahren, können auf dem Heimtrainingsfahrrad in den Genuß eines Ausdauertrainings kommen: Bessere Durchblutung aller Organe, erhöhte Sauerstoffaufnahmefähigkeit, besseres Wohlbefinden. Auch ältere Menschen, die es sich nicht zutrauen, auf öffentliche Straßen zu fahren, können

Hometrainer (mechanische Ergometer) mit großer Schwungscheibe, einstellbarer Wattbelastung, Pedalumdrehungszähler und Pedalhaken.

auf dem Hometrainer trainieren. Außerdem ist man unabhängig vom Wetter, kann sich individuell belasten und einmal pro Tag so richtig zum Schwitzen kommen. Vor allem auch für Herz-Kreislauf-Kranke kann die Belastung auf dem Hometrainer gleichmäßiger gestaltet werden als beim Radfahren in unregelmäßigem Gelände. Aber auch der leistungsbetonte Freizeitsportler kann in der kalten und unfreundlichen Winterzeit wirksame Trainingsreize setzen – und gleichzeitig den runden Tritt trainieren.

Anforderungen an einen guten Hometrainer
Ein guter Hometrainer muß über eine genügend große Schwungmasse (Schwungrad) verfügen, damit man auch bei Einstellung höheren Tretwiderstände rund treten kann. Außerdem soll es möglich sein, sich seine individuelle Sitzposition einzustellen. Dazu muß vor allem das Sattelrohr etwa so schräg wie bei dem normalen Fahrrad verlaufen. Hometrainer, deren Sattel man nur senkrecht nach oben verstellen kann, sind weniger geeignet. Die Lenkerhöhe kann in Sattelhöhe oder etwas höher eingestellt werden. Falls der Sattel nicht den eigenen Ansprüchen genügt, sollte man seinen gewohnten Fahrradsattel montieren. Ein wichtiger Tip ist es auch, sich statt der normalen Pedale Rennpedale mit Pedalhaken und Pedalriemen zu montieren, damit man mit den Füßen beim Pedallieren nicht abrutscht.

Einrichtung des Trainingsplatzes
Am besten ist ein luftiger Platz, z. B. im Keller bei offenen Türen und Fenstern. Da man beim Training auf dem Hometrainer stärker schwitzt als beim Radfahren in frischer Luft, ist die Anbringung eines Ventilators empfehlenswert, der eine möglichst große Flächenwirkung hat. Um die Zeit subjektiv zu verkürzen, sollte man einen Kassettenrekorder mit flotter Musik dazunehmen; denn mit Musik trainiert es sich leichter. Schließlich wäre noch ein großer Spiegel zu empfehlen, damit man seinen Fahrstil kontrollieren und verbessern kann. In einem solchen Umfeld wird man optimale Trainingsergebnisse erzielen.

Training und Trainingsprogramme
Auch vor Beginn des Trainings auf dem Hometrainer ist eine ärztliche Untersuchung angezeigt (siehe auch Seite 97). Beim Training geht es darum, die Pulsfrequenzregeln, die Belastungszeiten und optimalen Umdrehungszahlen einzuhalten. Daher wäre es auch günstig, wenn man am Hometrainer ein Pulsmeßgerät sowie ein Pedaltoureninstrument anbringen könnte. Diese Dinge sind wichtiger als die Kilometeranzeige, die mit den auf der Straße gefahrenen Kilometern sowieso nicht vergleichbar sind.

Manche meinen, das Training auf dem Hometrainer müsse möglichst intensiv oder gar ein Maximaltest sein. Das ist völlig falsch und ist oft die Ursache dafür, daß einem bei dieser Plagerei frühzeitig die Lust vergeht. Genau das Gegenteil ist richtig: Man sollte locker und leicht fahren und immer das Gefühl haben, daß man sich noch stärker belasten könnte. Dabei ist eine Pedalumdrehungszahl von 80 bis 100 Umdrehungen/Min. anzustreben, weil bei diesen Umdrehungszahlen die höchsten Sauerstoffaufnahmewerte in wissenschaftlichen Untersuchungen gemessen wurden. Auch hier ist planmäßig vorzugehen und das Training auf dem Hometrainer nach Intensität, Dauer und Häufigkeit zu charakterisieren. Dabei kann man ebenfalls ein Minimal- und Optimalprogramm unterscheiden. Die **optimale Trainingsintensität** liegt auch mit dem Hometrainer bei gesunden Menschen bei einer Trainingspulsfrequenz von 180 – Lebensalter. Diese Intensität muß jedoch nicht über die gesamte Zeit eingehalten werden. Man soll die Intensität sogar wechseln, um das Training auf dem Hometrainer abwechslungsreich zu gestalten. Dabei kann man die Intensitätsbereiche von z. B. 150 – Lebensalter bis 180 – Lebensalter einsetzen. Die unterste Intensitätsgrenze sollte etwa die Hälfte (50%) der maximalen Leistungsfähigkeit sein. Die Trainingsintensität kann auch bei der ärztlichen Untersuchung festgelegt werden. Wenn man irgendwelche Medikamte, insbesondere solche, die die Herzfrequenz beeinflussen, einnehmen muß, sollte unbedingt der Arzt die Trainingspulsfrequenz festlegen. Die wichtigsten Gegenanzeigen gegen jede stärkere körperliche Belastung ganz allgemein sind gefährliche Herzrhythmusstörungen und Infekte.

Die **Belastungsdauer** sollte minimal zehn Minuten und kann maximal eine Stunde betragen. Das hängt auch wesentlich mit der Trainingsintensität zusammen. Wer durchschnittlich nur 50% der maximalen Leistungsfähigkeit an Belastungsintensität trainiert, sollte mindestens 30 Minuten, wer mit einer Intensität von etwa 70% der maximalen Leistungsfähigkeit trainiert, sollte mindestens zehn Minuten treten. Das Optimum dürfte etwa bei 30 Minuten Dauer und einer Belastungsintensität von 50 bis 70% der maximalen Leistungsdauer liegen. Dieses Training würde etwa einer Stunde Straßentraining entsprechen.

Die Trainingshäufigkeit sollte minimal dreimal pro Woche, optimal täglich sein. Ein Training auf dem Hometrainer von 60 Minuten einmal pro Woche hat einen weitaus geringeren Trainingseffekt als ein Training von zehn Minuten sechsmal pro Woche. Häufigkeit und Regelmäßigkeit bestimmen ganz wesentlich die Trainingswirkung.

Zusammenfassend wäre ein Minimal – und Optimalprogramm auf dem Hometrainer etwa wie folgt zu kennzeichnen.

Beispiel für ein Minimalprogramm auf dem Hometrainer

Min.	Pedalumdrehungen (U/Min.)	Pulsfrequenz (Schläge/Min.) LA = Lebensalter	Anteil an max. Leistungsfähigkeit	Aufgabe	Beispiele für verschiedene Lebensjahre Trainingspulsfrequenz					
					20 J.	30 J.	40 J.	50 J.	60 J.	70 J.
1 2 3	80 80 80	150 – LA	ca. 40–50%	Warm- fahren (Ein- stimmung)	130	120	110	100	90	80
4 5 6 7 8	80 85 90 95 100	150 – LA 180 – LA	ca. 40–50% ca. 60–70%	Training	130 160	120 150	110 140	100 130	90 120	80 110
9 10 11 12 13	80 85 90 95 100	150 – LA 180 – LA	ca. 40–50% ca. 60–70%	Training	130 160	120 150	110 140	100 130	90 120	80 110
14 15	80 80	150 – LA	ca. 40–50%	Ausradeln (Ausklang)	130	120	110	100	90	80

Beispiel für ein Optimalprogramm auf dem Hometrainer

Min.	Pedalum-drehungen (U/Min.)	Pulsfrequenz (Schläge/Min.) LA = Lebensalter	Anteil an max. Leistungs-fähigkeit (%)	Aufgabe	Beispiele für verschiedene Lebensjahre Trainingspulsfrequenz					
					20 J.	30 J.	40 J.	50 J.	60 J.	70 J.
1–5	80	150 – LA	ca. 40–50%	Warm-fahren (Ein-stimmung)	130	120	110	100	90	80
6	80	150 – LA	ca. 40–50%	Training	130	120	110	100	90	80
7	85									
8	90			Serie I						
9	95									
10	100	180 – LA	ca. 60–70%		160	150	140	130	120	110
11–15	dto.			Serie II						
16–20	dto.			Serie III						
21–25	dto.			Serie IV						
26–30	80	150 – LA	ca. 40–50%	Ausradeln (Ausklang)	130	120	110	100	90	80

Minimalprogramm
Dauer: 10 Minuten
Intensität: Trainingspulsfrequenz etwa 180 – Lebensalter
Häufigkeit: täglich
Tretgeschwindigkeit: 80 bis 100 Umdrehungen/Min.

Optimalprogramm
Dauer: 30 Minuten
Intensität: 160 bis 180 – Lebensalter
Häufigkeit: dreimal pro Woche bis täglich
Tretgeschwindigkeit: 80 bis 100 Umdrehungen/Min. Wer es zu anstrengend empfindet, diese Tretfrequenz aufzubringen, kann natürlich auch mit der ihm angenehmen niedrigeren Tretfrequenz trainieren. Nochmals soll betont werden, daß es bei diesem Training nicht darum geht, möglichst hohe Bremswiderstände einzustellen. Vielmehr sollte ein leichter Bremswiderstand gewählt werden, der es einem erlaubt, locker und leicht 80 bis 100 Pedalumdrehungen/Min. auszuführen. Eine Steigerung der Bremswiderstände sollte nur soweit erfolgen, daß die gewünschte Trainingspulsfrequenz unter Beibehaltung der Tretfrequenz erreicht, aber nicht überschritten wird.
Bei einem derartigen Training kommt es zu einer spürbaren Wärmeproduktion und zu teils deutlichen Schweißverlusten. Als Ausdruck der Stoffwechselstörung ist auch die Körpertemperatur oft bis auf 38° C bis 39° C (rektal) erhöht. Der auftretende Gewichtsverlust beruht überwiegend auf Schweißverlust. Natürlich wird auf dem Hometrainer auch Energie verbraucht, aber nur in einer Größenordnung von ca. 500 kcal/h. Trotzdem lassen sich durch regelmäßiges Training auf dem Hometrainer deutliche Gewichtsabnahmen langfristig erzielen, weil zusätzlich diese Stoffwechselsteigerung den Abbau von Fettgewebe erleichtert. Wichtiger ist jedoch die Tatsache, daß durch ein regelmäßiges Hometrainer-Training in der angegebenen Dosierung der Organismus deutlich gestärkt wird. Man sollte wissen, daß allein durch die

Beispiel für ein Optimalprogramm auf dem Hometrainer für Fortgeschrittene
(sog. »Pyramidenprogramm«)

Min.	Pedalum-drehungen (U/Min.)	Pulsfrequenz (Schläge/Min.) LA = Lebensalter	Anteil an max. Leistungs-fähigkeit (%)	Aufgabe	Beispiele für verschiedene Lebensjahre Trainingspulsfrequenz				
					20 J.	30 J.	40 J.	50 J.	60 J.
1–5	90	160 – LA	ca. 50%	Warm-fahren (Ein-stimmung)	140	130	120	110	100
6	90	160 – LA	ca. 50%	Training	140	130	120	110	100
7	95								
8	100								
9	105								
10	110	200 – LA	ca. 75%	Serie I	180	170	160	150	140
11	110	200 – LA	ca. 75%		180	170	160	150	140
12	105								
13	100								
14	95								
15	90	160 – LA	ca. 50%		140	130	120	110	100
16–25	dto.			Serie II					
26–30	90	160 – LA	ca. 50%	Ausradeln (Ausklang)	140	130	120	110	100
15	80								

Erhöhung der Körpertemperatur eine Pulsbeschleunigung eintritt, so daß man die angestrebte Trainingspulsfrequenz gegen Ende der Trainingseinheit schon mit geringerer Belastungsintensität erreicht als am Anfang. Die erhöhte Schweißproduktion erfordert einen Ausgleich nach dem Training durch geeignete Getränke, z. B. durch Obstsäfte oder wasserreiches Obst (siehe auch nächstes Kapitel). Man sollte auch darauf achten, sich bei diesem Training nicht zu erkälten. Gegenüber dem Training auf der Straße fehlt nämlich beim Training auf dem Hometrainer der Faktor der Abhärtung. Daran sollte man denken, wenn man zwischen dem Hometrainer-Training und Straßentraining wechselt. Man sollte sich daher zusätzlich möglichst oft in frischer Luft aufhalten. Wenn man alle diese Punkte beachtet, kann das Training auf dem Hometrainer zu einer wirklichen Bereicherung des eigenen Lebens werden – und das unter minimalen Aufwand.

Ernährung

Pro Liter aufgenommenen Sauerstoffs kann man durchschnittlich 5 Kilokalorien (kcal) an Energie aus der Nahrung gewinnen. Das bedeutet: Man kann nicht soviel leisten, wie man fähig ist, zu essen – sondern so viel, wie man fähig ist, Sauerstoff pro Zeiteinheit aufzunehmen. Die Sauerstoffaufnahmefähigkeit hängt von Lebensalter und Trainingszustand ab. An erster Stelle steht also die körperliche Beanspruchung, die den Nahrungsbedarf schafft, und erst an zweiter Stelle die Ernährung, die nach dem tatsächlichen Bedarf gestaltet werden sollte. Im Zustand der Bewegungsarmut nimmt der heutige Mensch trotzdem durchschnittlich 450 kcal täglich zuviel zu sich. Außerdem ist die Nahrung insgesamt meist überwiegend aus nicht vollwertigen Nahrungsmitteln (mit hohem Anteil an stark ausgemahlenen Mehlen, Weißmehlprodukten, Zucker, Fett und Alkohol) zusammengesetzt. Kurz gesagt: man ißt meistens zuviel, zu fett, zu süß und trinkt zu viel alkoholhaltige Getränke. Das sind gleichzeitig jene Punkte, an denen man ansetzen muß, wenn man die Ernährung gesund gestalten will.

Ernährungsumstellung in sechs Schritten

Man muß sich als normaler Radfahrer nicht wie ein Hochleistungssportler ernähren, aber doch nach den Richtlinien einer vollwertigen bedarfsgerechten gesunden Kost. Immer wieder weisen Untersuchungen darauf hin, daß auch im Tierreich die Lebenszeit dann am längsten ist, wenn die Ernährung eher knapp gestaltet ist. Doch sollten in ihr außer den energieliefernden Nährstoffen (Kohlenhydrate, Fette, Eiweiß) auch alle notwendigen Vitamine, Mineralstoffe und Spurenelemente enthalten sein. Das gilt besonders auch dann, wenn man Gewicht abnehmen will. Der Gesamtenergiegehalt der Nahrung muß also gesenkt werden. Zusätzlich sollte das Verhältnis der Nährstoffe (Kohlenhydrate, Fette, Eiweiß) zueinander verändert werden. Die Nahrungsenergie wird bei der sog. Zivilisationskost zu 45% aus Fetten, 10% aus Alkohol und nur ca. 33% aus Kohlenhydraten und ca. 12% aus Eiweiß gewonnen. Bei einer gesunden sportgerechten Ernährung muß dieses Verhältnis aber ganz anders sein: Der Anteil der Fette muß drastisch auf ca. 30% der Nahrungsenergie gesenkt, der Anteil der Kohlenhydrate auf 50 bis 60% der zugeführten Kalorien gesteigert werden. Der Eiweiß-Anteil kann ungefähr beibehalten werden, doch sollte er aus fettarmen Eiweißspendern stammen. Der Alkoholgenuß sollte ebenfalls drastisch herabgesetzt werden, etwa bis auf höchstens 30 g reinen Alkohols pro Tag (entspricht etwas mehr als einem hal-

Durchschnittlicher täglicher Energiebedarf pro Kilogramm Körpergewicht

Kategorie	kcal.	kJ
Breiten- und Gesundheitssport	30–50	130–210
Leistungssport	60–70	250–290
Hochleistungssport	70–80	290–340

Appetitliche Vollwertkost – die Basisernährung jedes gesundheitsbewußten Menschen.

ben Liter Bier oder 0,3 l Wein). Schließlich sollte man die tägliche Nahrungsmenge nicht auf zwei bis drei große, sondern besser auf vier bis sechs kleine Mahlzeiten verteilen.

1. Schritt:
Platz für vollwertige Nahrungsmittel schaffen
Zunächst sollte man jene Nahrungsmittel möglichst vom Speiseplan streichen, die vorwiegend »leere Kalorien« liefern – d. h. nur Kalorien ohne die für ihre Verarbeitung notwendigen Begleitstoffe (Vitamine, Mineralstoffe und Spurenelemente) – und jene, die viel verstecktes Fett enthalten.

Dazu gehören z. B. Süßwaren mit hohem Zuckeranteil, zuckerhaltige Getränke (Limonaden, Coca Cola), Produkte aus stark ausgemahlenen Mehlen (Weißmehlprodukte):
Weißbrot
Semmeln
Toast
Kuchen
Torten
Kekse u. a.
panierte Speisen
Rohrnudeln
Pfannkuchen
Wurst
fetter Schinken
fettes Fleisch

2. Schritt:
Den Anteil an vollwertigen kohlenhydratreichen Nahrungsmitteln erhöhen

Dazu gehören vor allem alle Vollkornprodukte wie z. B.
Vollkornbrot
Vollkornkekse
Haferkekse
Vollkornteigwaren
Frühstücksflocken
die Getreidekörner selbst (z. B. Frischkorn-Müsli)
Naturreis (oder sog. Parboiled-Reis)
Kartoffeln
Frischobst
Trockenobst, Obstsäfte
Hülsenfrüchte (Erbsen, Bohnen, Linsen).
Um minderwertige Kohlenhydrate in bezug auf ihren Gehalt an Vitaminen, Mineralstoffen und Spurenelementen aufzuwerten, sind
Weizenkeime
Hefeflocken
und Bierhefe
zu empfehlen.

3. Schritt:
Zur Eiweißdeckung fettarme Eiweißspender verwenden

Als Eiweißoptimum gilt nach wie vor etwa eine tägliche Eiweißzufuhr von 1 g/kg Körpergewicht aus biologisch möglichst hochwertigem Eiweiß. Gleichzeitig sind aber Eiweißlieferanten sehr oft auch mehr oder minder starke Fettlieferanten. Tierisches Eiweiß liefert außerdem auch das unerwünschte Cholesterin und Harnsäure. Man sollte sich daher ganz bewußt fettarme eiweißreiche Nahrungsmittel auswählen, z. B.
fettarme Milch
fettarme Milchprodukte (Magermilch, Joghurt, Käse Quark, Hüttenkäse)
mageren Fisch (Kabeljau, Flunder, Scholle, Seezunge, Forelle u. a.)
mageres Fleisch (Geflügel, Rind, Kalb, Hase, Reh u. a.)
Eier-Eiweiß (Eiklar, nicht das Eigelb)
Hülsenfrüchte (Erbsen, Bohnen, Sojabohnen, Linsen).
Es ist zu empfehlen, zweimal pro Woche Fisch zu essen, vor allem
Makrele
Lachs oder
Hering,
weil diese Fleischsorten Fettsäuren liefern, die gegen Arteriosklerose schützen.
Die biologischen Wertigkeit wird durch die richtige Kombination eiweißhaltiger Nahrungsmittel erhöht, z. B. durch die Mischung von Getreide oder Getreideprodukten (z. B. Getreideflocken, Teigwaren, Reis, Vollkornprodukte) mit Milch und Milchprodukten, oder mit Ei oder mit Hülsenfrüchten (Erbsen, Bohnen, Linsen); sehr hochwertiges Eiweiß liefert auch die Mischung aus Kartoffeln mit Ei oder mit Milch und Milchprodukten (Quark).

4. Schritt:
Wenn Fette, dann hochwertige verwenden

Ein gewisser Anteil an Fetten ist lebensnotwendig, weil man lebensnotwendige Fettsäuren (z. B. Linolsäure) und die fettlöslichen Vitamine (Vitamin, A, D, E, K) aufnehmen muß. Daher sollte man, wenn man sich schon sehr fettarm ernähren muß, auf die Verwendung hochwertiger Fette achten, z. B. pflanzliche Keimöle (Distelöl, Sonnenblumenöl, Maiskeimöl, Sojaöl, Leinöl). Auch die Fischöle in Makrelen, Lachs und Hering sind wegen ihrer gefäßschützenden Eigenschaften sehr zu empfehlen. Auch Butter liefert sehr hochwertiges Fett, allerdings sollte man ihre Menge beschränken, wenn man unter einem hohen Cholesterinspiegel im Blut leidet.

5. Schritt:
Auf die Zufuhr von ausreichend Vitaminen, Mineralstoffen, Spurenelementen und Flüssigkeit achten
Nahrungsmittel liefern neben den Kalorien auch Vitamine, Mineralstoffe und Spurenelemente. Besonders reichlich sind diese Begleitstoffe in Obst und Obstsäften, Trockenfrüchten, Gemüse und guten Mineralwässern enthalten.

6. Schritt:
Essen muß immer Spaß machen
Es ist wohltuend, daß nun auch wissenschaftliche Ergebnisse darauf hinweisen, daß Essen schmecken und Spaß machen soll. Das ist auch kein Wunder, wenn man bedenkt, daß die Summe aller Nervenzellen, die Verdauungstätigkeit und Stoffwechsel regeln, die Masse der Nervenzellen des zentralen Nervensystems (Gehirn und Rückenmark) übertrifft. Dann kann es nicht mehr gleichgültig sein, wie diese Nervenenergie gepolt ist. Am besten funktioniert dieses System, wenn die Grundstimmung positiv ist – und dazu gehört eine gelöste Stimmung und Appetit. Arbeiten sollte man jedoch daran, daß einem auch die wirklich gesunden Nahrungsmittel tatsächlich schmecken. Das ergibt sich erst durch die richtige Lebensweise, zu

Auswahl qualitativ hochwertiger Nahrungsmittel für Radfahrer

Getreide:
Vollkornprodukte (Brot, Teigwaren, Reis) Haferflocken, Hirseflocken

Früchte:
Bananen
Äpfel, Zitrusfrüchte
Trockenfrüchte (Aprikosen, Feigen, Rosinen)

Nüsse und Samen:
Haselnüsse, Sonnenblumenkerne, Pistazien, Mandeln, Sesamsamen

Säfte:
Apfelsaft, Zitrussäfte, Traubensaft, Johannisbeersaft

Milch und Milchprodukte:
Joghurt
Milch, Käse, Quark

Fisch:
Makrele, Hering, Lachs, Seezunge, Forelle, Scholle u.a.

Zur Nahrungsaufnahme:
Weizenkeime, Sojakeime
Hefe, Hefeflocken, Bierhefe
Kakaopulver
Blütenpollen
Fleischextrakt

der ein gewisses Quantum an körperlicher Aktivität gehört. Sportler essen nicht nur deswegen Müsli, weil es gesund ist, sondern weil es ihnen schmeckt! Durch körperliche Aktivität tritt ein Wandel im Appetit ein, er normalisiert sich und sensibilisiert den Menschen wieder für gesunde Nahrung.

Die wichtigste Mahlzeit: das (Radfahrer-)Frühstück

Zum Frühstück sollte man sich Zeit lassen. Morgens genossene Kalorien fördern auch nicht so den Fettansatz wie die Plünderung des Kühlschranks vor dem Schlafengehen. Empfehlenswert ist ein richtiger Brotkorb mit Vollkornbrot, Vollkornbrötchen und Knäckebrot, Müsli aus Vollkornflocken mit frischem Obst, Joghurt, Dickmilch oder Frischmilch. Als eiweißreiche Ergänzung ist fettarmer Quark, fettarmer Käse (Hüttenkäse) oder ein magerer Aufschnitt zu empfehlen, auch ein- bis zweimal pro Woche ein Frühstücksei. Dazu kann man Früchtetee, schwarzen Tee (auch Kaffee), Fruchtsäfte oder magnesiumhaltige Mineralwässer trinken.

Empfehlungen zum Ausgleich von Flüssigkeitsverlusten

Pro Liter Schweiß gehen immer auch etwa 3 g Mineralstoffe und Spurenelemente verloren. Daher sollte man Schweißverluste auf Dauer nicht nur durch Flüssigkeit allein (Wasser, Limonaden, Coca Cola, Tee), sondern möglichst durch Flüssigkeiten ergänzen, die gleichzeitig auch Mineralstoffe und Spurenelemente enthalten (vor allem Magnesium, Kalium und Eisen). Zu den empfehlenswerten Getränken gehören daher magnesiumreiche Mineralwässer allein oder mit Fruchtsaft gemischt (z. B. Apfelsaftschorle). Eine gute Möglichkeit sind auch Trockenfrüchte, zu denen man reichlich Flüssigkeit trinkt, da Trockenfrüchte einen sehr hohen Anteil an Kalium und Magnesium aufweisen. Achten sollte man jedoch darauf, daß diese Trockenfrüchte nicht geschwefelt sind, da Schwefeldioxyd Enzyme blockiert, Vitamin B1 zerstört und bei empfindlichen Personen Kopfschmerzen bereiten kann.

Verpflegung für unterwegs

Grundsätzlich sollte man es lernen, auch einmal längere Strecken ohne Nahrungszufuhr zurückzulegen, damit vor allem der Fettstoffwechsel zur Energiegewinnung herangezogen wird. Der Mensch verfügt auch ohne Nahrungszufuhr über ganz eindrucksvolle Energiereser-

Das richtige Essen und Trinken für unterwegs ist wichtig bei längeren Fahrstrecken

ven, z. B. etwa 300 g an Kohlenhydraten in Form von Muskel- und Leberglykogen (ca. 1200 kcal) und 6 bis 10 kg an Fettgewebe (schon bei Normalgewicht!), entsprechend einer Energiereserve von 50000 bis 80000 kcal! Durch Zurückhaltung in der Nahrungszufuhr sollte der Organismus zunächst einmal lernen, diese Fettreserven anzuzapfen. Das hat er nämlich im normalen Leben verlernt, weil man normalerweise sogleich Nahrung zu sich nimmt, wenn man Hunger hat – und manche auch, wenn sie keinen Hunger haben. Bei längeren Trainingsfahrten über ein bis zwei Stunden oder bei Tagesfahrten ist jedoch eine Nahrungszufuhr empfehlenswert. Als kohlenhydratreiche Energiespender haben sich dabei bewährt:
Bananen
Fruchtschnitten
Trockenobst
Reiskuchen
Müsli-Riegel
Vollkornkekse
Haferkekse
Apfelscheiben
Orangenstücke u. a.
Bei heißer Witterung empfiehlt es sich auch, eine Trinkflasche mitzunehmen. Der Inhalt dieser Trinkflaschen wurde früher in Radsportkreisen oft geheimgehalten – heute enthalten sie aber meistens die im Handel erhältlichen Mineralgetränke. Man kann sie auch mit Tee gemischt mit Zitrone oder Apfelsaft füllen. Natürlich kann man diese kleine »Rennverpflegung« auch zum richtigen Picknick mit belegten Broten, Obst und Getränken erweitern. Kurz zusammengefaßt sind die Grundprinzipien einer gesunden Sporternährung: Knapp gehaltene, dem tatsächlichen Bedarf angepaßte Zufuhr qualitativ hochwertiger vollwertiger Nahrungsmittel mit einem hohen Anteil an Kohlenhydraten und biologisch hochwertigen Eiweißen bei betonter Fettarmut, dazu reichlich Obst, Gemüse und Rohkost sowie die richtigen Getränke.

Gesundheitsvorsorge

Der Satz: »Radprofis pflegen ihre Sitzfläche besser als ihr Gesicht« ist natürlich etwas übertrieben – aber er weist darauf hin, daß auch beim Radfahren bestimmte hygienische und vorbeugende Maßnahmen angezeigt sind. Je intensiver man das Radfahren betreibt, desto mehr wird man wie von selbst zu einer sportgerechten Lebensweise geleitet. Dazu gehören neben ausreichendem Nachtschlaf, feste Lebensgewohnheiten mit regelmäßigem Tagesablauf, mehr Disziplin im Essen und Trinken sowie die bewußte Anwendung von allem, was die Regeneration fördert, damit der nächste Trainingsreiz wirklich auf optimale Voraussetzungen trifft.

Körperpflege

Der Radfahrertag sollte morgens mit einer Lockerungsgymnastik und/oder einfachen Atem- und Yoga-Übungen beginnen. Außerdem sollte man den Körper abhärten, damit er unempfindlich gegen Wind und Wetter, Kälte und Hitze wird. Dazu gehört auch die Anwendung kalten Wassers, z. B. als kalte Abreibung oder Morgendusche mit anschließendem Trockenbürsten des ganze Körpers. Nach jedem schweißtreibenden Training sollte man sich duschen und danach die Haut leicht, z. B. mit einem Baby-Öl, einölen. Besonders ist die Pflege der Sitzfläche wichtig, die nach jedem Training gründlich gewaschen werden sollte. Das Sitzleder der Rennhose sollte stets sauber und weich sein. Vor längeren Ausfahrten sollte es mit einer einfachen Kamill-Glyzerin-Creme oder einer

Schwachpunkte des Radfahrers: Sitzfläche, Rücken, Nacken, Kniescheiben, Füße, Hände: Man sollte Radfahrerbeschwerden frühzeitig erkennen und ihnen rechtzeitig vorbeugen.

speziellen Sitzcreme bestrichen werden. Auch Massagen sind günstig für Körperpflege und Regeneration. Die Beine kann man selbst täglich vor und nach dem Training locker massieren. Alle diese Maßnahmen dienen auch dazu, Radfahrerbeschwerden vorzubeugen.

Vorbeugung gegen Beschwerden

Obwohl das Fahrrad ein sehr bequemes Fortbewegungsmittel ist, muß man sich besonders an längere Fahrstrecken auf dem Fahrrad erst allmählich gewöhnen, da es ansonsten zu Fehlbelastungen und Beschwerden kommt. Hier sind zuerst die Sitzbeschwerden zu nennen, die sich meist am Anfang einstellen, wenn man länger als eine halbe Stunde mit dem Fahrrad unterwegs ist. Auch kann es durch eine ungewohnte Haltung auf dem Fahrrad zu Nacken-

Radhose mit weichem Innenleder und Sitzcreme

schmerzen, Kopfschmerzen, Rückenschmerzen, Hand- und Unterarmproblemen sowie zu Knieproblemen kommen. Wenn man nicht abgehärtet genug ist, kann Radfahren bei zu rauhem Klima auch einmal Erkältungen hervorrufen. All diesen Beschwerden kann man jedoch rechtzeitig vorbeugen, wenn man sie kennt.

Sitzbeschwerden

Da man auf dem Sattel vorwiegend mit den Sitzknochen des Beckens sitzt, können sich bis zur vollständigen Eingewöhnung hier Druckschmerzen nach einer Fahrzeit von einer halben bis einer Stunde einstellen. Diese Beschwerden verschwinden mit zunehmender Anpassung von selbst. Wenn man öfter längere Strecken fährt, wird die Sitzfläche mit der sie schützenden Haut jedoch stärker beansprucht. Das erfordert Hygiene und Pflege, da sich sonst Entzündungen der Haarbälge (Furunkel) und Wundsein einstellen können. Zur Vorbeugung und Behandlung dieser Beschwerden sollte man unbedingt eine spezielle Radfahrhose mit Ledereinsatz benutzen, den man regelmäßig mit Kamill-Glycerin-Creme oder einer speziellen Sitzcreme bestreicht.

Nackenschmerzen

Sie kommen als Folge verspannter Nackenmuskulatur vor, wenn man zu verkrampft auf dem Fahrrad sitzt oder sich erst an die etwas vornübergebeugte Haltung gewöhnen muß. Auf jeden Fall sollte die Sitzposition stimmen, die Lenkerhöhe sollte möglichst in Sattelhöhe oder darüber sein. Man sollte betont auf den lockeren Fahrstil achten. Wer es beherrscht, sollte während der Fahrt sich öfter aufrichten, freihändig fahren und die Arme ausschütteln, den Schultergürtel und die Nackengegend lockern. Durch Nackenmassagen, die man auch selbst ausführen kann, sollte die verspannte Muskulatur immer wieder gelockert werden. Außerdem ist eine regelmäßige Wirbelsäulengymnastik zu empfehlen.

Kopfschmerzen

Diese können Folge einer verspannten Nackenmuskulatur sein. Als zweite Ursache kommt eine Unterkühlung der Kopfhaut durch den Fahrtwind in Frage. Besonders wenn man nach längeren Bergauffahrten schweißbedeckt auf dem Gipfel ankommt, kann der kühle Fahrtwind beim Bergabfahren die Kopfhaut derart unterkühlen, daß sich Kopfschmerzen einstellen. Daher sollte man immer mit einer Radfahrmütze oder besser mit einem Schutzhelm fahren.

Rückenschmerzen
Bei manchen Radfahrern, die zu stark vornübergebeugt und mit zu hohen Gängen fahren, stellen sich Beschwerden in unteren Bereich des Rückens und des Kreuzbeines ein. Muskelverspannngen, Überbeanspruchung und Unterkühlung durch den Fahrtwind können Ursache dieser Schmerzen sein. Abhilfe schafft eine regelmäßige Wirbelsäulengymnastik sowie Massagen, Bäder und Fangopackungen. Auch ein Rheuma-Pflaster auf diesen Bereich geklebt, ist sehr hilfreich. Um diesen Beschwerden vorzubeugen, sollte man aufrechtere, lockere Sitzhaltung einnehmen, mit betont lockeren Gängen fahren und beim Bergauffahren frühzeitig in den Wiegetritt übergehen.

Hand- und Unterarmprobleme
Manchmal gibt es Druckschäden von Nerven im Handgelenkbereich, wenn man sich zu lange und zu stark auf den Lenker aufstützt. Pelzige und gefühllose Finger weisen auf diese Druckschäden hin. Man sollte daher den Griff am Lenker immer wieder lockern und öfter einen Griffwechsel einnehmen. Auch sollte man während der Fahrt die Hände ab und zu vom Lenker nehmen und etwas ausschütteln. Wenn man den Lenker zu verkrampft umfaßt, kann es auch zu Ansatzbeschwerden von Sehnen am Ellenbogen kommen, die einem »Tennisarm« ähnlich sind. Auch hier ist zu raten, immer auf eine möglichst lockere Griffhaltung am Lenker zu achten.

Knieprobleme
Beim Radfahren werden die Gelenke geschont. Radprofis machen jährlich etwa 6 Mio. Pedalumdrehungen, meist ohne Beschwerden und Spätschäden. Trotzdem kann es manchmal zu Überlastungsbeschwerden im Bereich der Kniegelenke kommen, besonders am vorderen unteren Rand der Kniescheibe. Diese Überlastungsbeschwerden werden meist durch zu hohe Kraftbelastung infolge zu hoher Gänge gefördert und gleichzeitig, vor allem im Frühjahr, durch zu kalten Fahrtwind. Zur Behandlung dieser Beschwerden haben sich auf richtige Größe zugeschnittene Rheumapflaster bewährt. Vorbeugend sollte man immer darauf achten, kleine Gänge zu benutzen und beim Bergauffahren frühzeitig im Stehen zu fahren, um diesen Bereich der Kniegelenke zu schonen. Auch sollte man die Sitzposition auf dem Fahrrad überprüfen.

Erkältungen
Beim Radfahren ist man Wind und Wetter stärker ausgesetzt als bei anderen Sportarten. Zusätzlich wirkt der Fahrtwind unterkühlend. Besonders gefährdet ist man im bergigen Gelände, wenn man schweißdurchnäßt in die Abfahrt geht. Daher sollte man auf eine schweißableitende Unterwäsche achten und bei Paßfahrten immer eine zweite Garnitur trockener Wäsche mitführen. Außerdem kann man durch kaltes und regnerisches Wetter überrascht werden, wenn die Fahrten von längerer Dauer sind. Diese Klimareize können so stark wirken, daß der Körper an Erkältungen erkrankt. Trotzdem sind Radfahrer weniger gegen Erkältungen anfällig als Stubenhocker, weil sie durch Wind und Wetter automatisch abgehärtet werden. Gefährlich wird es nur, wenn die Reize so stark werden, daß sie die bisher erreichte Anpassungsfähigkeit überschreiten. Daher sollte jeder Radfahrer auf eine planmäßige Abhärtung achten. Jede Dusche sollte mit einem kalten Guß enden. Auch regelmäßige Sauna-Besuche mit Kaltwasseranwendungen sind günstig. Schließlich sollte man auf eine ausgewogene vollwertige Ernährung mit ausreichend Vitaminen achten, die viel Obst, Gemüse und Rohkost enthält, weil auch dadurch das Immunsystem gestärkt wird.

Vorbereitung auf längere Radtouren

Wenn man Freude am Radfahren gewonnen, und die Leistungsfähigkeit langsam zugenommen hat, erwacht in einem vielleicht die Unternehmungslust, sich die Welt einmal vom Fahrrad aus anzusehen. Schöner und billiger als auf dem Fahrrad kann man kaum reisen. Jedoch muß man eine solche Reise besonders sorgfältig überlegen und planen, vor allem was die Fahrstrecken, das Gelände und die Übernachtungsmöglichkeiten betrifft. Auch sollte man die einzelnen Etappen an die eigene Leistungsfähigkeit anpassen – oder wenn man in Gruppen fährt, an die des schwächsten Teilnehmers. Wenn man unterwegs wirklich unabhängig sein will, sollte man ein qualitativ hochwertiges Reiserad benutzen und eine Spitzen-Ausrüstung mitführen, die leicht, klein zu verpacken und absolut zuverlässig ist. Das gilt besonders auch für Zelte, Schlafsäcke, Kochgeschirr und sonstige Utensilien. Außerdem sollte man auf die richtige Bekleidung achten und Werkzeug und Notmaterial sowie eine kleine Reiseapotheke dabei haben. Auch sollte man sich damit beschäftigen, wie man unterwegs kleine Defekte selbst reparieren kann, vor allem der Reifen, Speichen, Bremsen und Schaltung. Zunächst sollte man auf kleineren Tourenfahrten im heimischen Gelände Erfahrungen sammeln – bis man vielleicht erwägt, Touren in fremden Ländern zu unternehmen.

Man sieht: Horizont und Lebenskreis können durch das Fahrrad in ungeahnter Weise erweitert werden. Immer sollte man aber daran denken, seine Kräfte richtig einzuschätzen und einzuteilen. Lieber die ersten Tagesabschnitte kürzer gestalten und auch Ruhetage einplanen, als sich zu überfordern. Man möchte schließlich die

Reiserad mit vollgepackten Packtaschen. Dadurch verändert sich das Fahrverhalten in Kurven und bergab.

Natur, Land und Leute genießen.

Extreme Touren

Wem das Radfahren als Freizeitbeschäftigung nicht ausreicht, kann das Fahrrad auch zum Instrument der eigenen Selbstverwirklichung werden lassen. In diese Richtung streben manche leistungsbetonte Freizeitradsportler, die von der bis zur Unermüdlichkeit gesteigerten Ermüdungswiderstandsfähigkeit fasziniert sind. Dazu kommt noch die innere Sehnsucht, einmal alle persönlichen Grenzen zu überschreiten. Dieses dem Menschen innewohnende Bestreben zeigt sich beim Läufer, wenn er sich zum Marathonlauf hingezogen fühlt. Darum wird er eine derartige Veranstaltung beim Radfahren auch »Radmarathon« genannt. Diese Fahrten haben eine Länge von meistens um die 250 km und finden in recht bergigem Gelände statt, so daß bei einer solchen Fahrt an die 4000 bis 5000 Höhenmeter zu überwinden sind. Dabei kommt es nicht auf das Tempo an, sondern nur auf das Durchhalten und auf die Zielankunft in einem bestimmten Zeitlimit. Zu solchen Veranstaltungen treffen sich meist über 1000 Radfahrer, denen das Mitmachen und Durchhalten

Gepäcktasche am Lenker mit praktischer Karten-Sichttasche

das Wichtigste ist. Für die ganz Harten werden mehrere solcher Veranstaltungen – z. B. fünf im Europacup – zusammengefaßt, die in einem Jahr absolviert werden müssen, um an der Gesamtwertung teilzunehmen. Zwangsläufig greift der Fahrer bei solchem Wettbewerben zum qualitativ hochwertigen und leichtlaufenden Rennrad. Anzuraten bei der Anschaffung ist jedoch die Ausrüstung der Laufräder nicht mit aufgeklebten Schlauchreifen, sondern mit soliden sportlichen Drahtreifen, weil die Fahrstrecken bei diesen Veranstaltungen nicht wie bei Radrennen vom Straßenverkehr abgesperrt sind, so daß man bei Bergfahrten sehr häufig bremsen muß. Dadurch können die Felgen

überhitzt werden, so daß sich der Reifenkitt oder das Felgenklebeband die den Schlauchreifen auf der Felge halten, lösen kann. Schon öfter ist es deswegen zu Unfällen gekommen. Diese Nachteile haben Hochleistungsdrahtreifen nicht. Konditionell muß man sich auf einen Radmarathon sehr sorgfältig vorbereiten, wenigstens schon ein Jahr vorher. Zunächst muß man sich die Warum-Frage stellen: willst Du? Und als nächstes sollte man sich die Frage stellen, ob man es wirklich will. Denn die Länge der Strecke stellt große Anforderungen an das Durchhaltevermögen im körperlichen und psychischen Bereich.
Das Vorbereitungstraining sollte schon im Winter

beginnen mit möglichst häufigem Straßentraining, etwa vier- bis fünfmal pro Woche 60 bis 120 km mit geringer bis mittlerer Intensität. Diese Vorbereitungszeit kann im Frühjahr durch ein Urlaubs-Trainingslager in südlichen Ländern von ein bis zwei Wochen abgerundet werden, in dem man nochmals viele Kilometer locker und gleichmäßig zurücklegt. Schließlich sollten im Trainingsprogramm auch eine ganze Anzahl von Bergen sein, damit sich der Körper an langdauerndes Bergauffahren im Wiegetritt gewöhnt. Außerdem sollen zusätzlich sportliche Betätigungen wie Waldläufe, Cross-Läufe, Skilanglauf bei jeder Witterung betrieben werden, damit der Willen und das Durchhaltevermögen geschult wird. Etwa ab April/Mai sollen zunehmend auch längere Strecken gefahren werden, mindestens einmal in der Woche etwa 150 bis 200 km. Wichtig ist, sich anzugewöhnen, niemals in den sauren Bereich zu gelangen, immer lockere Gänge zu fahren und bei längeren Bergauffahrten rechtzeitig in den kleineren Gang zurückschalten. Eine bewährte Übersetzung für einen Radmarathon mit mehreren Pässen ist z. B. folgende: 52/39 – 14, 16, 19, 22, 24, 26, 28. Vor allem das große Ritzel ist als »Rettungsanker« zur Überwindung von Schwächeperioden wichtig. Außerdem sollte man Kleidung zum Wechseln mitnehmen, Handschuhe, Überschuhe und Regenjacke, wenn es kalt ist, und neben dem wichtigsten Werkzeug auch mindestens zwei Ersatzschläuche und Flickzeug.

Diese Zeilen sind nur als Anregung für jene, die sich dadurch angesprochen fühlen, zu verstehen. Trotzdem soll niemand in Versuchung geführt werden, sich zu überfordern. Man muß selbst darauf kommen. In diesem Fall wird man aus eigenem Antrieb auf die entsprechende weiterführende Literatur geführt.

Pässefahrten stellen immer großartige psychische und physische Erlebnisse dar

Ausblick

Begeisterung, Freude und Gesundheit bestimmen unser Leben. Sie geben uns die Energie, die wir brauchen. Durch dieses Buch sollte deutlich werden, daß ein so unscheinbares Gerät wie das Fahrrad, diese drei wichtigen Faktoren unseres Lebens günstig beeinflussen kann. Das Schöne am Fahrrad ist auch, daß jeder – ob Mann oder Frau, Kind oder Greis, Gesunder oder Kranker – auf seine Weise irgend einen Nutzen durch das Fahrrad für sein Leben gewinnen kann. Im Bannkreis der Zivilisation ist der heutige Mensch gezwungen, das verlorene Quantum an Bewegung bewußt, optimal und richtig hinzuzufügen, um den Zivilisationskrankheiten vorzubeugen. Auch dazu ist das Fahrrad das geeignete Gerät, weil es Bewegung ohne nachteilige Belastungen gestattet. Schließlich sollte klar geworden sein, daß es beim richtigen Radfahren nicht auf Schinden und Plagen, »Pushen« und »Powern« ankommt – sondern auf genußvolles bewußtes Fahren in einem Bereich, der die notwendige Reizschwelle überschreitet, um die vielfältigen Anpassungserscheinungen der gesundheitlich wertvollsten Hauptbeanspruchungsform »Ausdauer« im eigenen Körper anzuregen. Wer den Umgang mit seinem Fahrrad richtig versteht und von ihm fasziniert wird, kann es immer wieder einsetzen, um in Form zu kommen, Störungen zu beseitigen und die Gesundheit zu stabilisieren. Auf diese Weise wird man gesund, leistungsfähig und geistig frisch bleiben bis ins hohe Alter. Das wäre es, was wir unseren Lesern wünschen – also: Spaß am Bike!

Radfahren – aus Spaß und Freude an der Natur ist das richtige Rezept

Literatur

Altig, R., u. K. Link: Optimale Radsporttechnik 1 und 2. Sportinform Verlag, Oberhaching (1986)

Gebhardt, O.: Rund um das Velo. Orell Füssli Verlag, Zürich (1978)

Hollmann, W., u. Th. Hettinger: Sportmedizin – Arbeits- und Trainingsgrundlagen. F. K. Schattauer Verlagsgesellschaft, Stuttgart (3. Aufl. 1990)

Israel, S., u. J. Weber: Probleme der Langzeitausdauer im Sport. Johann Ambrosius Barth Verlag, Leipzig (1972)

Israel, S., u. A. Weidner: Körperliche Aktivitität und Altern. Johann Ambrosius Barth Verlag, Leipzig (1988)

Junker, D., u. S. Israel: Gut in Form durch Radfahren. Sportverlag Berlin (1989)

Konopka, P.: Radsport. BLV-Verlagsgesellschaft München, Wien, Zürich (5. Aufl. 1990)

Konopka, P.: Richtig rennradfahren. BLV-Verlagsgesellschaft München, Wien, Zürich (2. Aufl. 1988)

Konopka, P.: Sporternährung. BLV-Verlagsgesellschaft München, Wien, Zürich (4. Aufl. 1990)

Link, K., u. R. Altig: Der Radsportratgeber. Sportinform Verlag, Oberhaching (1987)

Nöcker, J.: Die biologischen Grundlagen der Leistungssteigerung durch Training (angewandte Physiologie). Verlag Karl Hofmann, Schorndorf (8. Aufl. 1989)

Pförringer, W., u. Chr. Ullmann: Radfahren – Touren, Rennen, Mountain-Bike. Südwest Verlag GmbH & Co. KG, München (1990)

Rösch, H., D. Lagerstrøm, M. Hamm, R. Rost u. K. Völker: Mit Hochdruck aufs Rad. Echo Verlags-GmbH, Köln (1990)

Smolik, H.-Ch.: Rund ums Rennrad. BLV-Verlagsgesellschaft München, Wien, Zürich (1990)

Smolik, H.-Ch.: Radmagazin tour Sonderhefte Velo-Werkstatt I–III. Atlas Verlag und Werbung GmbH, München (1989/90)

Struhlik, K.: Radfahren mein Freizeitsport. Humboldt-Taschenbuchverlag Jacobi KG, München (1982)

StVO für Schüler und Jugendliche: Sicher Radfahren, sicher Mofafahren. Rot-Gelb-Grün Lehrmittel, Braunschweig (6. Aufl. 1989)

Wöllzenmüller, F.: Richtig radfahren. BLV-Verlagsgesellschaft München, Wien, Zürich (5. Aufl. 1987)

Ziegler, K., u. R. Lehmann: Radsport. Falken Verlag, Niedernhausen (1981)

Register

Abhärtung 108, 117
„Achter" 67
aktiver Urlaub 104
Alter 16, 26
Alterserscheinungen 10
Alterung 18
Anpassungsfähigkeit 11, 28, 24
Antriebssystem 41
Appetit 21
Arteriosklerose 25
Atmung 16, 93
Ausdauer 24
Ausdauertraining 18, 104
Ausgleichs-Krafttraining 102
Ausgleichsgymnastik 99
Ausrüstung 31
ärztliche Untersuchung 97

Beine 16
Bekleidung 67
Belastungsdauer 106
Belastungstest 97
Beleuchtung 55
Beleuchtungsanlage 58
Bergabfahren 88
Bergfahren 88
Bewegungsapparat 18
Bewegungsarmut 11, 109
Bewegungsmangel 11
Bewegungsprogramm, optimales 9
Blutdruck, hoher 22
Bremsen 49
Bremsgriffe 51
Bremsschuhe 51
Bremssystem 49
Bremstechnik 87
Bremsweg 49

Cantilever-Bremsen 51
Cholesterin 26, 110
City-Bike 33
Clean-Tech-Fahrrad 57
Computer 63

Dauerleistungsmethode 94, 96
Depressionen 30
Drahtreifen 47
Draisine 34
Durchblutungsstörungen 12, 14
Dynamo 56

Eiweiß 11
Eiweißoptimum 110
Energiebereitstellung, aerobe 92

Energiebereitstellung, anaerobe 92
Erholung 13
Erholungsprozeß 92
Erholungszeit 92
Erkältungen 117
Erkrankungen, psychosoma-
 tische 22
Ermüdungswiderstandsfähigkeit 24, 29, 120
Ernährung 109
Ersatzmaterial 64

Fahrradgröße 34
Fahrradtypen 32
Fahrstil 77
Fahrtechnik 73, 86
Fahrtraining 90
Fahrtspiel 96
Faktoren, krankmachende 17
Familie 13
Felge 46
Felgenbremsen 51, 64
Felgenreflektoren 58
Fette 110
Fettgewebe 21
Fettsäuren 25, 110
Fettstoffwechsel 96
Fitneß 12, 29
Fitneßtraining 29
Flansch 46
Flaschenhalter 62
Flickzeug 66
Flüssigkeitsverluste 112
Fußgelenke 102

Gabel 40
Gabelkopf 40
Gehirn-Cycling 15
Gehirntätigkeit 15
Gelenke 102
Gepäcktaschen 60
Gepäckträger 60
Gesetzmäßigkeiten, biologische 22
Gesundheit 11, 24, 29
Gesundheitssport 92
Gesundheitsvorsorge 115
Getränke 112
Gewichtsabnahme 20, 21, 25, 107
Gewichtsverlust 107
Gewöhnungstraining 97, 104
Greenpeace-Fahrrad 57
Grundlagenausdauer 93
Grundprinzipien 115
Gruppenfahren 89

Handprobleme 117
Hauptbeanspruchungsform,
 motorische 24
Heimtrainingsfahrrad 104
Herz-Kreislauf-Erkrankungen 11, 22
Herz-Kreislauf-System 18
Herzfrequenz 63
Herzinfarkt 10, 25
Hinterradfahren 88
Hochleistungssport 92
Hometrainer 15, 104
Hosen 69

Immunsystem 15
Intensitätsstufen 93
Intervallmethode 94, 96

Jugendrad 35

Kette 42, 66
Kettenblätter 41
Kettenblätter, asymmetrische 42
Kettenblätter, ovale 42
Kettenlänge 42
Kettenlinie 44
Kettenpflege 66
Kettenschaltung 46
Kettenschutzblech 54
Kettenwechsel 66
Kinderfahrrad 35
Knieprobleme 117
Kondition 28
Kopfschmerzen 116
Körpergewicht 19
Körpergröße 37, 75
Körperpflege 115
Krafttraining 102
Krampfadern 16
Kreuzadaptionen 12
Kunststoffsattel 54
Kurventechnik 87

Laktat-Schwellen 92
Langzeittherapie, aktive 9
Laufrad 46
Laufraddurchmesser 35
Lebensalter 16, 93
Lebensweise 18
Ledersattel 52
leere Kalorien 110
Lenkerbreite 38
Lenkerformen 37
Lenkerhöhe 76
Lenkertasche 61

Lenkervorbau 39
Lenkungslager 39
Lenkungssystem 37
Lichtanlage 55
Luftpumpe 62
Luftwiderstand 48

Materialkontrollen 64
Medikamente 97
Milchsäurewerte 92
Mineralstoffe 112
Minimalbelastungen 29
Minimalprogramm 26, 99, 107
Minimaltrainingsprogramm 103
Mittelzugbremsen 51
Mountain-Bike 33
Muskelfasern 26
Muskelfasertypen 27

Nabe 46
Nabenschaltung 45
Nackenschmerzen 116
Nahrungsmittel, eiweißreiche 110
Nahrungsmittel, gesunde 112
Nahrungsmittel, kohlenhydratreiche 111
Nahrungsmittel, vollwertige 110

Optimalprogramm 99, 107
Optimaltrainingsprogramm 103
Öko-Fahrrad 57

Pedale 41
Pedalieren 77, 79
Pedalrückstrahler 56
Periodisierung 102
Pflege 66
Prävention 22
Pulsfrequenz 106, 107, 108
Pulsmeßgerät 92

Radmarathon 120
Radständer 61
Radtouren 119
Rahmen 35
Rahmenhöhe 35, 37
Reflektor 55, 58, 61
Regeneration 12
Rehabilitation 22
Reifen 47
Reifendefekte 66
Reifendruck 48
Reiserad 33
Reizschwelle 22
Rennrad 34, 50

Rennverpflegung 114
Reparaturen 66
Risikofaktoren 14, 22, 24 ff.
Risikoprofil 97
Ritzel 42
Rollreibungskraft 48
Rollwiderstand 47, 48
Rückenbeschwerden 117
Rücklicht 55, 56
Rücktrittbremse 50

Sattel 52
Sattelhöhe 74
Sattelneigung 73
Sattelstellung 75
Sattelstütze 52, 54
Sauerstoffaufnahme 18
Sauerstoffaufnahme, maximale 94
Sauerstoffaufnahmefähigkeit 11, 109
Sauerstoffaufnahmefähigkeit, maximale 18, 26
Sauerstoffbedarf 25
Schalthebel 46
Schaltung 45, 64
Scheinwerfer 55
Schlösser 63
Schuhe 67
Schutzblech 54
Schutzbrille 71
Schutzhelm 70
Schüler 21
Schweiß 112
Schweißproduktion 108
Seitenzugbremsen 51
Selbstverwirklichung 120
Sicherheitsbekleidung 70
Sicherheitsschlösser 63
Sitzbeschwerden 116
Sitzcreme 116
Sitzlänge 75, 76
Sitzleder 115
Sitzposition 37, 73
Skelettmuskulatur 24
Soft-Cycling 29
Speichen 46
Speichenreflektoren 56
Sporternährung 114
Spurenelemente 112
Steuersatz 39
Stoffwechsel 19
Straßenverkehr 86
Streß 20
Superkompensation 91

Thrombose 14
Touren-Sportrad 33
Trainingsdauer 106
Trainingsgrundsätze 90
Trainingshäufigkeit 95
Trainingsherzfrequenz 94
Trainingsinhalte 94
Trainingsintensität 92, 106
Trainingsmangel 12
Trainingsmethoden 94, 95
Trainingspläne 96
Trainingsprogramme 105
Trainingspulsfrequenz 106, 107, 108
Trainingspulsfrequenz, optimale 93
Trainingssteuerung 90, 92
Trainingsumfang 95
Trainingsziel 103
Tretfrequenz 79, 97, 107
Tretkurbellänge 41, 42
Tretkurbeln 41
Tretlager 41
Trinkflasche 62, 114
Trip-Computer 62
Trockenfrüchte 113
Trommelbremsen 50

Umwelt 21
Unterarmprobleme 117
Unterwäsche 69
Übergewicht 12, 20, 22
Übersetzung 81, 82, 121
Übersetzungstabelle 81, 82, 83

Venenerkrankungen 14
Verdauungssystem 16
Verkehrssicherheit 58
Verpflegung 113
Verstimmungen, depressive 30
Vitamine 112
Vorderradtaschen 61

Wartung 66
Werkzeug 64, 121
Wiederholungsmethode 94, 96
Wiegetritt 88
Windschattenfahren 88
Wirbelsäule 102

Zahnkranz 42, 84
Zentrieren 67
Zivilisation 22, 114
Zivilisationskost 109
Zollzahl 34
Zubehör 60
Zuckerkrankheit 22

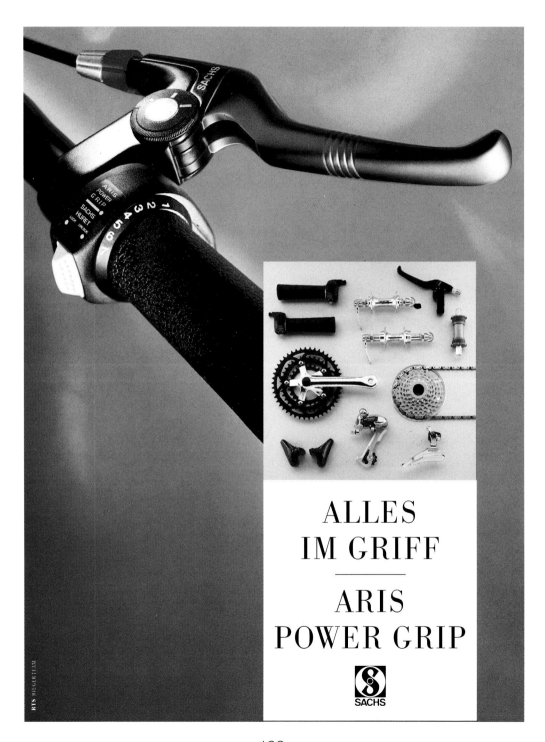

Mehr Spaß am Bike – mit BLV Büchern

Robert van der Plas

Mountain-Bike Know-how

Praxisorientierter Ratgeber über Auswahl, Technik, Pflege und Einsatz des Mountain-Bike – mit vielen praktischen Reparaturanleitungen, informativen Tabellen und zahlreichen Farbfotos.

123 Seiten, 84 Farbfotos, 40 farbige Zeichnungen

Peter Konopka

Radsport

Der Ratgeber für Ausrüstung, Technik, Training, Ernährung, Wettkampf und Medizin – umfassend, kompetent, in moderner Konzeption und attraktiver, farbiger Ausstattung.

5. Auflage, 159 Seiten, 109 Farbfotos, 104 s/w-Fotos, 58 Zeichnungen

Hans-Christian Smolik

Rund ums Rennrad

Umfassende Darstellung der Technik von Rennrädern: Rahmen, Positionen, Komponenten, Licht, Pflege und Wartung, Werkzeug: leicht nachvollziehbare Anleitungen durch anschauliche Abbildungen.

122 Seiten, 208 s/w-Fotos, 33 Zeichnungen